ビジネスで使える

# 経済予測入門

Introduction to Business and Economic Forecasting

小さな変化で大きな流れを見極める

中原圭介
Keisuke Nakahara

ダイヤモンド社

# はじめに

ビジネスの世界で生きる人々にとって、必要不可欠な能力を修得する本を書きました。必要不可欠な能力とは、ズバリ**「経済を予測する力」**、略して**「経済予測力」**のことをいいます。

これからの時代に、なぜ「経済予測力」が必要不可欠な能力だといえるのでしょうか。

世間の一般的な認識では、日本の企業は海外の企業に比べて、堅実な経営をしていると思われています。ところがそれは、現実とは大いにかけ離れた認識です。いかに緻密な経営戦略を練ったとしても、経済の大きな流れを認識していないために、いまだに大きな失敗を繰り返してしまうケースが後を絶たないからです。

たとえば、近年の原油安や資源安によって、大手商社をはじめ日本を代表する多くの企業が大幅な業績の悪化に苦しんでいます。経営者やビジネスリーダーたちは、原油や資源の需要と供給について自ら分析することなく、シンクタンクなどのあてにならない専門家に任せてしまったことで、横並びに経営や投資に失敗してしまったのです。

大企業の経営者やビジネスリーダーのなかには「今この時期に、その経営判断はないだろう」と疑問に感じるような判断をする人が珍しくありません。それは、大概のケースでは、経済の大きな流れを認識できていないことに原因があります。

ただし、経営者やビジネスリーダーが必ずしも経済の予測に長けている必要はありません。企業のなかに経済の流れがわかっている人材が複数いれば、その弱点を補うことができるからです。

ところが実際には、日本にかぎらず世界中の企業で、経済を的確に分析できる人材がいないという問題を抱えています。今の混沌とした世界では、企業の大小、年齢や性別を問わず、**経済予測力を身につけた人材が広く求められるようになっていく**でしょう。

米国では近い将来、「データ・サイエンティスト」がもっともセクシーな職業になるだろうといわれていますが、「経済予測力を武器にする企業人」も同じくらい魅力的な地位を確立することになるのではないでしょうか。

この本では、これからの時代に、いかに経済予測力が求められているかを説明したうえで、その予測力を身につけるための方法を、3つのポイントに絞って紹介しています。

あなたがこの1冊を読んで自分の糧にすることができれば、巷《ちまた》にあふれている手軽なビジネス書を50冊や100冊読むよりも、きっと将来の役に立つことになるでしょう。経済の分析や予測についてだけでなく、あらゆるビジネスの場面でも、あるいは資産運用をする際にも、非常に役に立つことが期待できると思います。

2016年9月

中原圭介

ビジネスで使える経済予測入門　目次

## 第2章 経済予測ができないシンクタンクを信用するな

## 第3章 経済学に振り回されないようになる

## 第4章
# 「経済予測」は3つの視点でマスターできる

# 第1章

# 経済予測ができないとビジネスはうまくいかない

失敗例①

# なぜ日本企業は失敗を繰り返してしまうのか

なぜ日本の企業経営者やビジネスリーダーたちは、国内外での設備投資や海外企業のM&A（合併・買収）などの経営戦略が下手なのでしょうか。

それは、経済の大きな流れが読めないことから、タイミングの悪い投資を行ってしまい、不況が訪れるたびに、巨額の損失を抱えてしまうというケースが後を絶たないからです。場合によっては、企業の存続までもが危うくなるケースも決して珍しくはないのです。

みなさんもご存じのとおり、世界経済はもちろん、各国の経済も好況と不況を繰り返しています。2016年現在の世界経済は米国の消費が底堅いこともあり、好況の部類に属しているといえます。

しかし、遅かれ早かれ、次の不況は必ずやって来ます。リーマン・ショック後のような深刻な不況ではないにしても、世界経済は2020年までにある程度の不況に遭遇することになるでしょう。このままでは、不況が訪れるたびに、多くの日本企業で再び何らかの損失が発生することが避けられないというわけです。

## 日本を代表する大企業はどこも経営戦略を見誤った

2000年以降を振り返ってみても、日本企業が経営や投資に失敗して損失を被ったという例は枚挙にいとまがありません。

たとえば、2003年から2006年まで続いた米国の住宅バブルの終盤期に、日本の輸出企業は事業の拡大志向を強めていきました。国内外での生産設備増強や海外企業のM&Aなど、強気の投資に踏み切ったのは、米国をはじめ世界全体でいっそうの需要の拡大が見込めると判断してのことでした。

ところが、2007年から2008年にかけて、米国の住宅バブル崩壊とそれに伴う金融危機により企業の収益状況が一変し、それまでの拡大路線が裏目に出たかたちで、2008年度（2008年4月~2009年3月）の決算では、設備の減損などで巨額の特別損失が相次ぐようになります。とりわけ打撃が大きかったのが、日本経済の屋台骨を支えていた自動車メーカーと電機メーカーです。

たとえば、自動車メーカーの雄・トヨタ自動車は米国での需要増加を見込み、年間生産能力を1000万台に拡大したところで米国のバブル崩壊に襲われ、余剰生産設備350万台分を抱えることになります。そこで決断したのが、日米欧での100万台分の設備縮小とそれに伴う特損の計上、国内での3割減産の実行、海外生産部門での4割（3万人超）の従業員を対象としたワークシェアリングの実施などです。主要市場である米国での販売急減に円高ドル安という為替要因が重なり、トヨタ自動車の2008年度決算は4369億円の赤字（前年度は1兆7200億円の黒字）に転落してしまったのです。

国内ではトヨタ自動車の次に大きい日産自動車でも、2008年度の決算は2337億円の赤字（前年度は4822億円の黒字）に転落してしまいました。日産自動車が赤字になるのは、1999年にカルロス・ゴーンがCEOに就任して以来、初めてのこととなりました。カルロス・ゴーンのような優秀な経営者でさえも、世界的な不況にはまったく打つ手がなかったといえるでしょう。

## 右へならえで苦境に立たされる電機メーカー

リーマン・ショック後に巨額の損失を出した企業には、電機メーカーであるパナソニックや東芝、NECなどもあります。

パナソニックの2008年度の決算は3789億円の赤字（前年度は2818億円と過去最高の黒字）に転げ落ち、国内外で50カ所近い生産拠点を閉鎖し、正社員を含む1万5000人規模の人員削減に手を付けざるをえませんでした。当初は3100億円の黒字（2年連続の最高益更新）を目指していたにもかかわらず、世界的な景気失速が大きな誤算となってしまったのです。

パナソニックと同じく、東芝も3435億円の赤字（前年度は1274億円の黒字）、NECも2966億円の赤字（前年度は226億円の黒字）と厳しい決算になり、それぞれのグループでは多くの拠点の閉鎖に加え、4500人、2万人超もの人員削減を打ち出さざるをえませんでした。

オセロ・ゲームのようにいとも簡単に、前年度の好決算が過酷なリストラを伴う大赤字決算にひっくり返ってしまったというわけです。

このように日本を代表する企業のなかには、赤字になっただけでは済まされず、企業そのものの存続が危うくなったケースもあります。

たとえば、日立製作所はもともと官僚主義的な経営がうまくいっていなかったところに、リーマン・ショック後の世界的な不況が追い打ちをかけることで、過去最悪の7873億円もの赤字を計上するに至ります。日立が生き残っていくためには、7000人の人員削減に加えて、採算が悪化したグループ企業の再編を断行せざるをえませんでした。インフラ関連の事業を中心とした選択と集中を行い、2009年に19社あった上場子会社グループを、3年後には11社にまで絞り込んでいったのです。

## 経済全体を俯瞰できないのが失敗の原因

これらの事例のほとんどに当てはまるのは、経済全体を俯瞰《ふかん》せずにタイミングの悪い時期に巨額の投資をしてしまい、事業拡大を進めてしまっていたということです。つまり、これらの経営が失敗した大きな原因は、多くの企業経営者やビジネスリーダーたちが**経済**

## 図表 1 米住宅バブル崩壊後の業績悪化例

| 会社名 | 最終損益 (2008年度、単位：億円) | その後の対応策 |
|---|---|---|
| トヨタ | -4,369 | 期間工削減、固定費圧縮 |
| 日産 | -2,337 | 2 万人削減、設備投資削減 |
| ホンダ | 1,370 | 期間工をゼロに削減 |
| 日立 | -7,873 | 7000 人削減 |
| パナソニック | -3,789 | 1 万 5000 人削減、13 工場閉鎖 |
| 東芝 | -3,435 | 4500 人削減、液晶工場閉鎖 |
| NEC | -2,966 | 2 万人削減 |
| 富士通 | -1,123 | 2000 人削減、HDD事業売却 |
| ソニー | -989 | 1 万 6000 人削減 |

**日本を代表する企業の業績が大きく悪化、**
**大規模なリストラ策を断行する事態に！**

**の大きな流れを見極められないまま、漫然と重大な投資の決定をしていた**ということにあります。

このような失敗を未然に防ぐことができていれば、日本企業はもっと研究開発に資金を注ぎ込むことができ、今でも世界をリードしていた可能性が高いのではないでしょうか。そのように考えると、非常に残念でなりません。

## 処方箋①

# 経営に失敗しないためには、経済の「異常な状態」に気づくべき

日本企業の経営者たちが米国の住宅バブルをしっかりと認識できていれば、過剰な設備投資や採用の拡大をすることもなく、大規模なリストラや巨額の損失を免れることができたでしょう。さらには、海外企業と競争をするうえで、その経営戦略の構築もかなり楽になっていたことでしょう。

## バブルは崩壊しなければわからないのか?

では、どうすれば米国の住宅バブルを見抜くことができたのでしょうか。

米国の住宅バブルが弾けた結果として、2007年にサブプライムローン(低所得者向

け住宅ローン）問題が顕在化したとき、大多数の経済の専門家や金融当局関係者は「大した問題ではない」と言って、ほとんど問題視しませんでした。当然ながら、新聞や経済メディアなども彼らの見解を垂れ流していただけだったので、その問題の深刻さを指摘するような記事はほとんどありませんでした。

それに反して当時の私は、すでに2005年から自らの著書やさまざまな媒体において、「米国の住宅バブルは2007～2008年までに崩壊するだろう」と予測するようになり、日本の企業経営者や投資家に対して事あるごとに警鐘を鳴らしていました。ところが、2008年になってもリーマン・ショックが起こる前までは、私のそういった警鐘は大多数の主要な「大した問題ではない」という見解のなかに深く埋没してしまっていたのです。

元FRB議長のアラン・グリーンスパンは「バブルは、崩壊して初めてわかる」と言っていますが、私は**経済の「異常な状態」に気づくことによって、バブルははっきりと認識できるものである**と考えています。その証左として私は、米国の住宅バブルの最盛期であった2005～2006年当時、世界経済の4・9～5・5％という高い成長率は過剰な借金でつくられていた見せかけの経済であるということを、肌で感じると同時に客観的にも認識できていました。

当時の世界の好景気は、住宅が低所得者でも買えるという米国内のキャンペーンのもとに、家計の債務が拡大するということで支えられていました。本来、経済の正しい道筋は家計が貯蓄をして消費をするというものです。そうすることによって、経済は持続可能な状態として回り続けるのです。遅かれ早かれ、借金に依存し続ける経済は持続できなくなってしまいます。要するに、当時の経済は借金でかさ上げされた異常な状態（＝バブル）であったと認識するべきだったというわけです。

## 「経済の異常」は小さなところに現れる

さらに私は、住宅バブル崩壊を見極めるための重要な指標として、米国の「中古住宅販売件数」という指標に注目していました。日本の住宅市場では新築住宅の販売が主流ですが、米国では販売の8～9割が中古住宅だからです。しかしほとんどの経済の専門家は、米国の中古住宅販売件数をはじめ、住宅関連の指標にあまり注目していませんでした。だからこそ、２００７年にサブプライム問題が起こったときも、その重要性を理解できなかったのです。

日本の経済紙でも、当時は中古住宅販売件数に関する記事は扱いが非常に小さく、新聞にすべて目を通すくらいでなければ、その記事の存在を見落としてしまっても仕方がないといえるものでした。

幸いなことに、私は歴史の教訓を大切にしているうえに、日本経済新聞の記事は見出しだけでもすべて目を通していたので、「米国で中古住宅販売件数が減少している」という記事に衝撃的な未来を予見することができました。日本の土地バブル崩壊などに代表される「バブルの歴史」を理解していれば、米国の住宅関連指標には自然と目が行くようになりますし、その情報とサブプライム問題を結びつけて考えれば、その後に生じる住宅バブル崩壊の顛末は容易に予測することができたのです。

実のところ、経済メディアで中古住宅販売件数など住宅関連の指標が注目されるようになったのは、住宅バブルの崩壊が誰の目から見ても明らかになった後でした。経済の専門家を名乗る人々には、遅くとも2006年には米国の住宅関連指標に注意を払ってほしかったし、借金でかさ上げされた異常な経済は長続きしないということを認識してほしかったと、今でも思っています。

## 同じ失敗を実は何度も繰り返していた

しかしながら、経済の専門家がそのような体たらくであったので、専門家の意見に頼りがちな企業経営者も当時の経済が異常な状態であるとは気づくことができませんでした。

日本企業の経営は守りに強く、欧米企業に比べると堅実なように思われていますが、実際には決してそうではありませんでした。バブルでかさ上げされた経済を異常だと認識できずに、好況が今後も続くという見通しのもと、住宅バブルの終盤期にあたる2005～2006年になっても積極的な攻めの投資を続けていたのです。

その結果、バブル経済が崩壊し不況が訪れると、海外拠点の閉鎖やリストラを余儀なくされ、それが巨額の赤字をもたらし、さらには企業の存続を揺るがすほどの大赤字へとつながっていったというわけです。

日本企業は1990年代初めにバブルが崩壊した後、設備、雇用、債務という3つの過剰に直面しましたが、リーマン・ショック前にもその歴史の教訓をまったく生かせませんでした。1980年代後半のバブル経済期も異常だと感じないまま、借金による過剰な設備投資を推し進め、バブル崩壊以降、自動車メーカーは最大3割、鉄鋼メーカーも2割の過剰設備を抱えてしまったという教訓は忘れ去られてしまっていたのです。

そして近年においても、日本企業は資源バブルの崩壊によって同じような失敗を経験していますし、今後においても同じような失敗を依然として繰り返そうとしているのです。

失敗例②

# なぜ日本企業は需要と供給のバランスを見誤ってしまうのか

経営に失敗する主な原因は、経済の大きな流れを見極められないことにあると先に述べましたが、経済の大きな流れを見極めることのなかには、**モノの需要と供給について分析する**という経営戦略の根幹に関わる作業も入っています。

過去10年の歴史を振り返ってみると、たとえ世界的な不況期ではなかったとしても、需要と供給のバランスを大きく見誤ったことにより、日本の大企業が巨額の損失を被っている事例が数多く見受けられるのも事実です。

## 特需に踊って需給を見誤った薄型テレビ業界

需要と供給を大きく見誤った代表例としては、「地デジ特需」（地上デジタル放送を見るためのテレビの買い替え需要）に慢心した家電メーカーの事例が挙げられます。

テレビでの地上デジタル放送は２００３年に東京・大阪・名古屋の三大都市圏で始まり、２００６年12月には全国の県庁所在地に放送エリアが拡大、その後も日本全国へと広がっていきました。

２０１１年7月のアナログ放送の終了を控えて、地上デジタル放送に対応するテレビへの買い替えを後押しする政策も実行に移されていきます。２００９年に家電エコポイント制度が始まり、地上デジタル放送対応のテレビなどを買うと７０００～３万６０００円分のエコポイントが付与され、指定の家電製品であれば安く購入できるようになったのです。

この制度によって、従来のアナログ・テレビから地上デジタル対応の薄型テレビに買い替える人々が急激に増加し、２０１１年3月末にこの制度が終了するまで、「地デジ特需」を強力にサポートしたというわけです。

その流れと併行するように、日本の家電メーカーは地上デジタル対応の薄型テレビへの買い替え需要を見越して、次々と大型の設備投資を進めていくことになります。

液晶テレビの雄・シャープは2004年に1500億円を投資した亀山第1工場（三重県）に続き、2006年には3500億円を投じた亀山第2工場を稼働して液晶テレビの大増産に踏み切りました。さらに驚くべきは、2009年にも4200億円をかけて液晶テレビで世界最大級の堺工場（大阪府）を稼働させています。

パナソニックも薄型テレビのシェア競争でシャープに負けまいと、積極的な工場の建設を進めていきます。2005年に950億円を投じた尼崎第1工場（兵庫県）を皮切りに、2006年に2200億円をかけた茂原工場（千葉県）、2007年には1800億円をかけた尼崎第2工場、2009年には1500億円をかけた尼崎第3工場と、相次いで新工場を稼働させていったのです。そして最後には、2010年に2350億円という過去最大の投資額をつぎ込み、同社で最大級の姫路工場（兵庫県）までも稼働させてしまっています。

## 需要のピーク時に大型投資をする愚策

両社の設備投資の進め方を見ていて非常に疑問に感じるのは、エコポイント制度とアナログ放送の終了時期が2011年に重なっていることを考えると、薄型テレビの需要のピークは2010年に集中することとなり、その後の需要が激減するのは容易に予測できたのではないかということです。

テレビなどの耐久消費財は一度買ってしまえば、しばらく買い替えることはないので、地デジ特需のあとの反動が極めて大きくなるというのは、誰の目から見ても明らかだったのではないでしょうか。

ところが、シャープはもっとも多くの投資をした堺工場を2009年10月に稼働させました。それから1年も経たないうちに、パナソニックにとってもっとも投資額が大きかった姫路工場を2010年4月に稼働させています。その後間もなくして、薄型テレビの国内需要は激減の一途を辿っていったのです。その結果、大型の工場の稼働率が大幅に下がるばかりか、在庫の山が積み上がる一方で、2011年以降、日本の家電メーカーのテレ

## 図表 2 テレビの生産・輸出入・内需

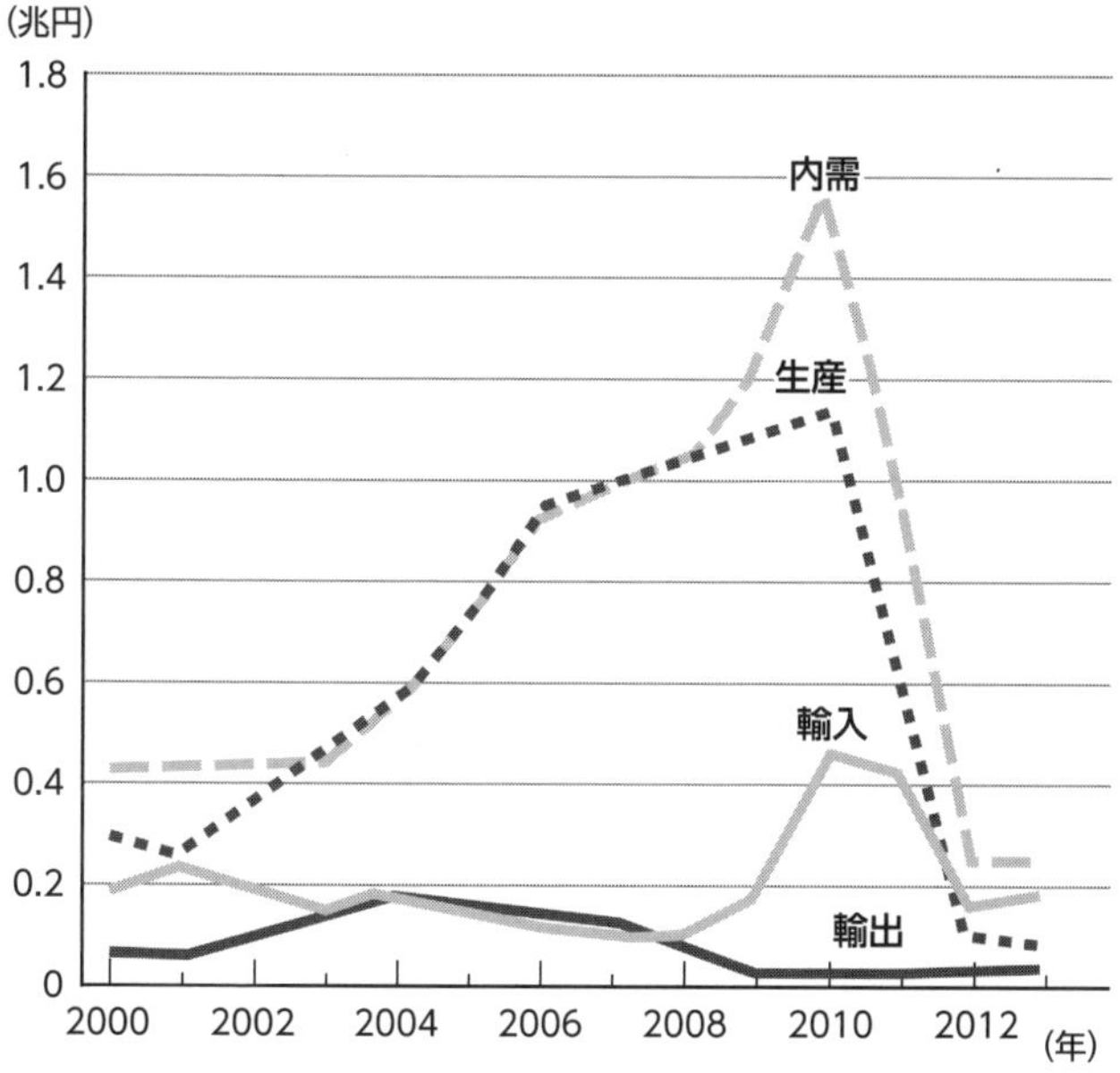


(資料) 機械統計、貿易統計

**「エコポイント制度やアナログ放送の終了を考えれば需要のピークは予測できた」**

ビ事業は例外なく不振を極めるかたちとなりました。

家電メーカーのなかには、大幅な減産や工場の閉鎖・売却等を余儀なくさせられたり、ビクターやパイオニアのようにテレビ事業そのものから撤退したりするところも出てきたのです。

## 外部環境のせいではない、失敗の原因は経営者にある

その結果として、電機大手の2011年度(2011年4月~2012年3月)の決算では、重電を主軸として見事な復活を果たした日立製作所が2期連続で過去最高の黒字を確保した一方で、シャープ、パナソニック、ソニーといったテレビを柱としたメーカーが過去最大の赤字に陥ってしまいました。重電系の日立製作所が3472億円、三菱電機が1121億円、東芝が32億円の黒字であったのに対して、家電系のシャープは3761億円、パナソニックは7722億円、ソニーは4567億円の赤字を計上し、業績の明暗がくっきりと分かれてしまったのです。

シャープ、ソニー、パナソニックといった日本を代表する家電メーカーが苦境に陥った

## 図表 3 デジタル家電特需後の業績悪化例

（億円）

| 会社名 | 2010年度 | | 2011年度 | |
|---|---|---|---|---|
| | 売上高 | 最終損益 | 売上高 | 最終損益 |
| パナソニック | 86,927 | 740 | 78,462 | -7,722 |
| ソニー | 71,813 | -2,596 | 64,932 | -4,567 |
| シャープ | 30,219 | 194 | 24,559 | -3,761 |
| | | | | |
| 日立製作所 | 93,158 | 2,389 | 96,659 | 3,472 |
| 東芝 | 62,640 | 1,583 | 59,964 | 32 |
| 三菱電機 | 36,453 | 1,245 | 36,395 | 1,121 |
| 富士通 | 45,284 | 551 | 44,676 | 427 |

（資料）各社決算資料

**大手電機メーカーの中でも**
**薄型テレビを主力にした３社は**
**大きな業績悪化を招いた**

原因は、決して当時の円高や高い法人税率などの外部要因のせいではありません。これら3社が大赤字に至った背景には、**経営者たちによる重大な経営判断の誤りがあった**ことをどうしても指摘せざるをえません。

そして、その重大な経営判断の誤りは、将来における需要と供給をまったく無視した過剰な設備投資にあったことは間違いないといえるでしょう。

## 処方箋②

# 経営に失敗しないためには、需要と供給を冷静に見るべき

２０１１年３月にはエコポイント制度が終わり、同年７月にはアナログ放送の電波が止まることは、あらかじめ決められていたことでした。

「地デジ特需」は早ければ２０１０年中に、遅くとも２０１１年７月以前には完全に終わるということが決まっていたのです。

２００７年以降に大型投資を決断したとすれば、特需が終わるころに供給過多になるということは容易に予測ができたはずです。それにもかかわらず、なぜ大企業の経営者たちはあまりにも遅い巨額の設備投資に踏み切ってしまったのでしょうか。

## 過剰な設備投資は回避できたはず

そのように考えると、シャープの2004年と2006年の工場（1500億円かけた亀山第1工場と3500億円かけた亀山第2工場）稼働は許容できる判断であったといえるでしょう。ただし、経済の大きな流れという観点から見れば、米国の住宅バブルが弾けようとしていた2006年の工場稼働は、世界の需要が急減するという将来を見通すことができたので、明らかに判断ミスだったと思われます。

ところが幸いなことに、国の政策に後押しされた特需によって、家電メーカーはリーマン・ショック後の苦境から救われます。すっかり特需に慢心してしまったのでしょうか。シャープの致命的な失敗は、2009年になってから世界最大級の工場（4200億円を投じた堺工場）を稼働したことです。

冷静に需要と供給のバランスを考えながら投資の是非を決定していれば、その巨大な工場建設を判断する2007年時点において、投資の計画を白紙に戻すことができたはずですし、その後のシャープが経営危機に陥るようなことはなかったでしょう。

パナソニックにしても同じことがいえます。あとから国の政策の後押しがあったので、2006年と2007年の工場（2200億円投じた茂原工場と1800億円投じた尼崎第2工場）稼働は許せる判断であったといえるでしょう。

ところが、2009年と2010年の相次ぐ工場（1500億円かけた尼崎第3工場と2350億円かけた姫路工場）稼働は計画の段階で考え直すべきであったといわざるをえないのです。

## 海外に目を向けても需要はあまり見込めない現実

もっとも家電メーカーの経営者たちにも、当時の投資については言い分があるようです。それは、地デジ特需の終了は日本国内に限ったことであり、海外の需要が同時に縮小するわけではないというものです。

たしかに当時の経済メディアでは、「世界的に見れば、テレビ事業はまだまだ成長市場である」といわれていました。地デジ特需が終わるとされていた2011年には、世界のテレビ販売台数は2億2229万台となり、新興国市場での拡大を背景に、前年比6％の伸びを示していたのです。

しかし当時から、日本から海外へのテレビの輸出は微々たるものにすぎなかったという事実があります。日本のテレビが活発に輸出されていたのは、１９８０年代半ばまでの話であり、テレビの輸出入は１９９０年代半ばから輸入超の傾向に陥っていたのです。

おまけに、当時の薄型テレビは価格破壊の流れに歯止めがかからず、毎年20〜30％を超える価格の下落が進んでいたという事実もあります。液晶テレビが汎用品となったことで、アジア各国のメーカーが競って液晶パネル工場の建設を進め、慢性的に供給過剰の状態に陥っていたのです。

それにもかかわらず、日本の家電メーカーの経営者たちは、こうした競争環境の変化を軽視あるいは無視して、テレビ事業への投資にのめり込んでいったのですから、彼らの言い分は、まったく正当化できる代物ではないように思えます。

私が不思議に思うのは、エコポイントで需要が大いに喚起された時期にもテレビの価格は下がり続けていましたが、家電メーカーの経営者たちはその事実を深刻に受け止めることができなかったという点です。日本だけでなく、世界における液晶パネルの供給能力がどの程度増えているのか、冷静に分析できていれば、あれほどの巨額の投資をすることは

## 図表 4　工場稼働時期と需要のピーク

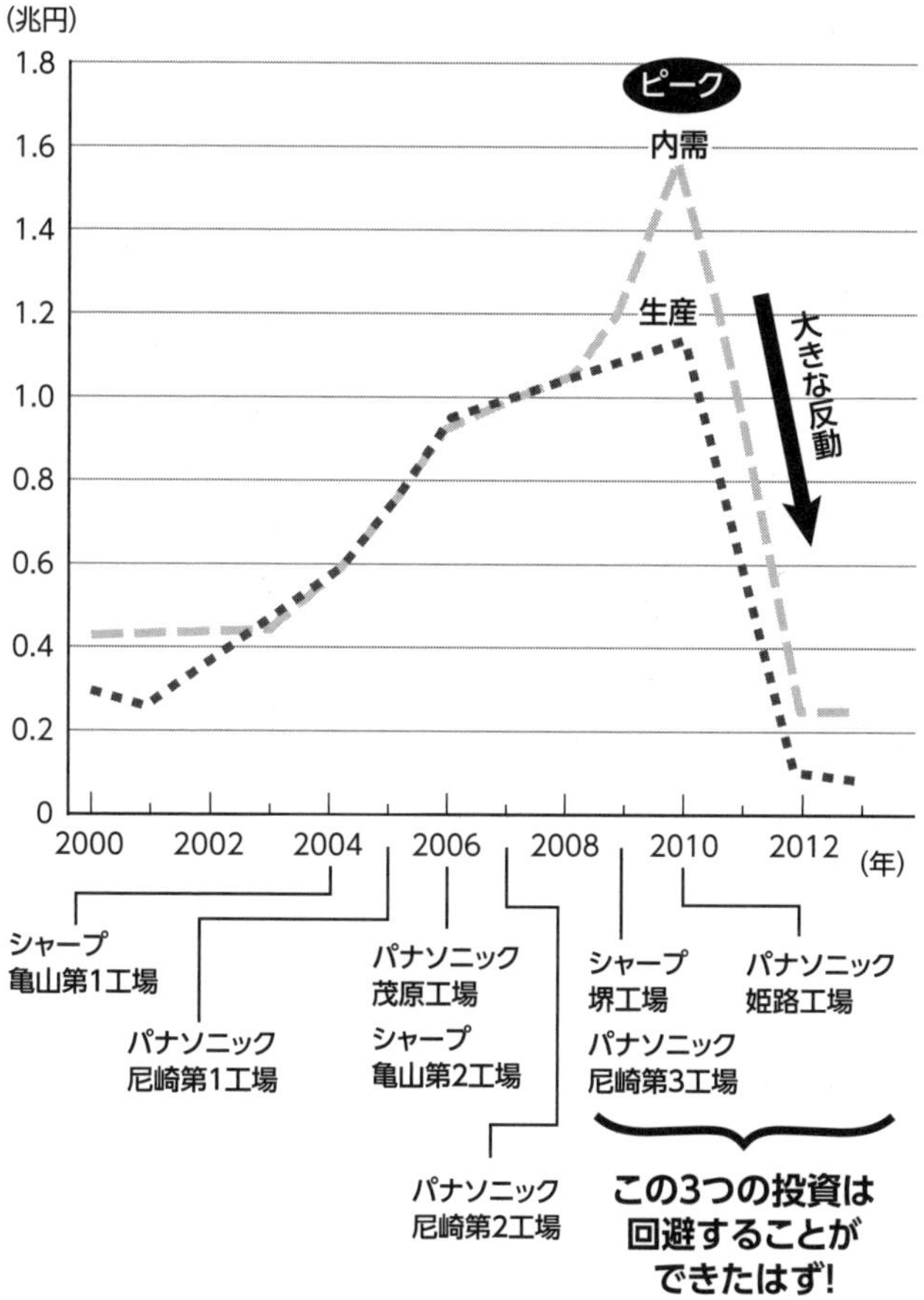

なかったのではないでしょうか。

## 特需のあとには必ず大きな反動がある

歴史を振り返れば、**特需による需要の先食いが起こると、必ずその反動減に見舞われる**ことがわかります。世界的に景気がよいときは反動減も和らぐことがありますが、そうでない場合は反動減が予想外に大きいこと、そして長引くことも覚悟しなければなりません。

２００９年４月から始まったエコカー補助金による特需でも、その反動により需要が大きく減少することとなりました。２０１０年９月に補助金が打ち切られたあとの新車販売台数は10月が前年同月比でマイナス26・７％、11月がマイナス30・７％、12月がマイナス28・３％と大幅に落ち込んだだけでなく、２０１１年８月まで平均して３割近くの販売台数減に見舞われたのです。

近年では２０１４年４月の消費増税前の駆け込み需要でも、その後の消費に大きな反動減が見られました。２０１４年４～６月期の個人消費は、前年同期に比べて２・５％減となっただけでなく、２０１４年度の１年間で見ても、前年度と比べて２・９％減となかなか消費が戻りませんでした。

家電のエコポイント制度やエコカー補助金などの企業を救う政策は、かえって企業の経営改革を遅らせることにつながりかねず、必ずしも企業の持続的な成長に寄与するものではありませんでした。それよりも日本の企業経営者たちは、将来の需要を先食いするような政策を行ったら、政策終了後に大きな需要減・反動減を招くことは避けられないという教訓を知っておくべきだったのです。

これからも不況が訪れるたびに、何らかの需要を喚起する政策が行われるでしょうが、企業経営者はその恩恵を長く享受しようなどとは、決して考えてはいけません。これまでの特需とその反動減の歴史を学び直して、目先の需要増に慢心しないようにすることが大切なのです。さらには、需要の先食いとその反動減は、経済の大きな流れのなかにある、もう1つの小さな流れとしてとらえる必要があるのです。

## 需要と供給の見誤りは経営破綻にもつながる

先に述べたように、なぜシャープやパナソニックが2009~2010年の段階でも大型の工場を稼働する必要があったのか、私にはどうしても理解ができません。とりわけ、液晶テレビで国内市場を席巻したシャープは、リーマン・ショック後に地デジ特需で息を吹き返したのも束の間、その後の経済環境の変化に対応できなかったことに加え、巨額の設備投資が失敗したことが最後まで響いて、ついには経営危機にまで陥ってしまいました。

シャープやパナソニックの事例が物語るのは、経営者たちが最低限すべき需要と供給の分析をすることもなく、怠慢な経営をしていたという証左ではないでしょうか。

失敗例③

# なぜ日本企業は資源価格の下落を予見できなかったのか

需要と供給のバランスを見誤って投資に失敗した最近の代表例は、エネルギー資源価格の下落を予見できなかった日本の大手商社でしょう。

三菱商事、三井物産、住友商事、伊藤忠商事、丸紅の大手総合商社5社の2015年度（2015年4月〜2016年3月）の決算では、エネルギー資源価格の大幅な下落により減損損失が1兆2000億円にまで膨らみ、5社合計の黒字は1443億円（前年度は1兆400億円の黒字）まで減少しています。三菱商事と三井物産は戦後初めての赤字に転落し、その他の3社も当初の計画に比べて黒字額は大幅に縮小することとなったのです。

## 資源高で儲かった商社が一転して経営悪化に

日本の大手商社は、国際的な原油価格の高騰や中国の旺盛な資源需要が今後も続くだろうという安易な見通しのもと、エネルギー資源の開発に傾斜を強めていき、多額の投資を行ってきました。そのような強気な投資の背景には、「これからも新興国や途上国では人口が増加し、エネルギーや資源の需要は増え続ける」という国際機関（ＩＭＦ、ＯＥＣＤなど）や民間シンクタンク（野村総研、大和総研など）の予測があったのは間違いないでしょう。

ところが、原油価格は２０１４年後半から下落を始め、１バレル１００ドル以上していた原油価格は、２０１５年１月に50ドルを下回るようになり、２０１６年２月には一時的とはいえ30ドルを割り込むまで下がってしまいます。２０１３年初頭に１トン１５０ドルを超えていた鉄鉱石価格も、２０１４年11月には70ドルを割り込み、２０１５年11月には50ドルを下回るようになっていました。

大手商社のなかでも２強といわれている三菱商事と三井物産が赤字になったのは、と

## 図表 5 原油価格、鉄鉱石価格、銅価格の推移

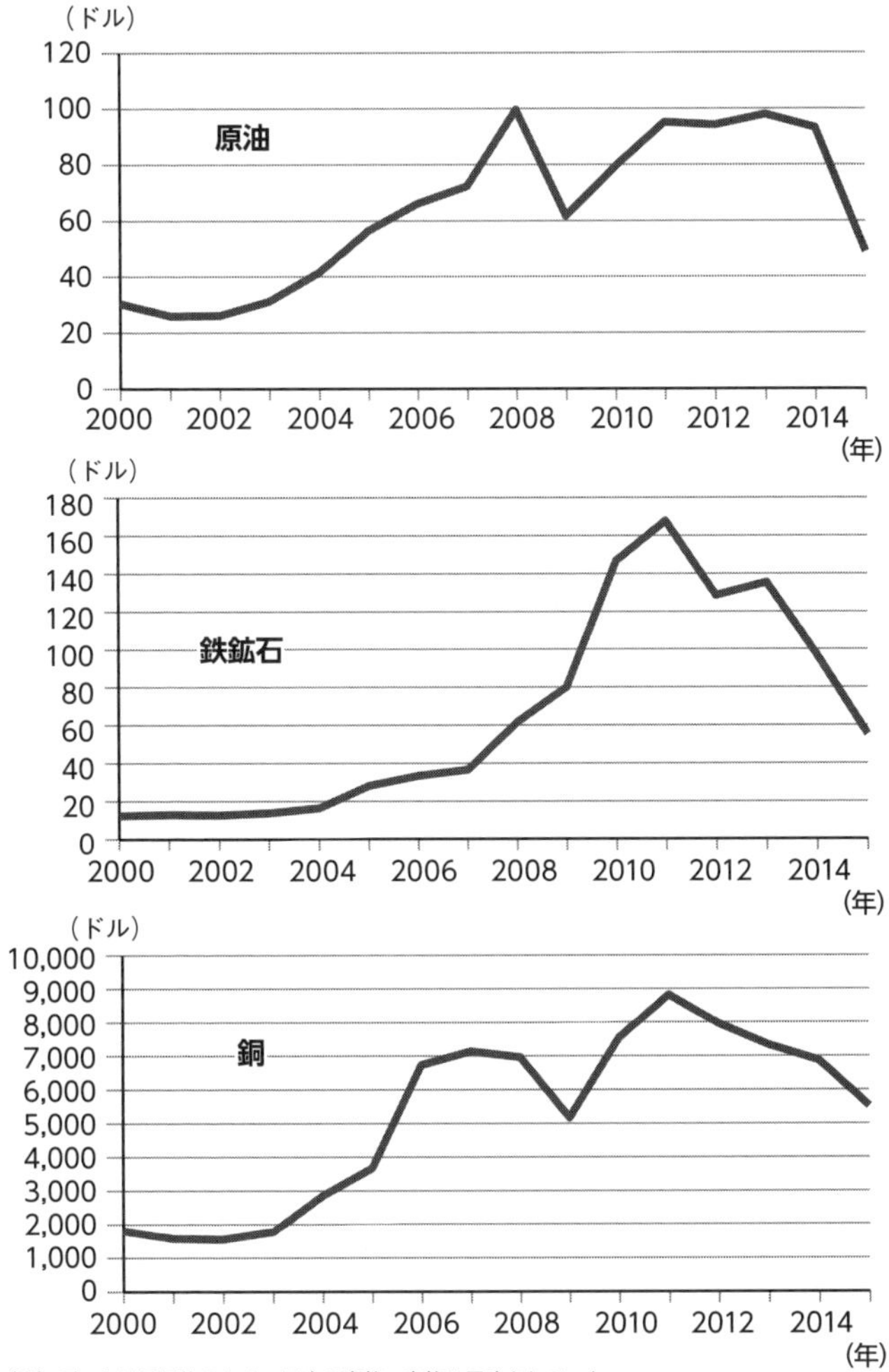


(注) データは月平均のため、日次の高値・安値は反映されていない
(資料) IMF

りわけ他社よりも資源への投資が巨額になっていたからに他なりません。2015年度の決算は三菱商事が1493億円の赤字（前年度は4005億円の黒字）、三井物産が834億円の赤字（前年度は3064億円の黒字）でしたが、資源関連の減損損失がそれぞれ4260億円、3500億円と巨額にのぼり、業績全体の足を大きく引っ張ってしまったのです。

両社に巨額の損失をもたらす主因となったのは、銅価格の大幅な下落です。銅価格は2011年のピーク時には1万ドルを付けたことがあったものの、2014年に資源バブルが崩壊し始めると、2015年11月には5000ドルまで下がり、2016年1月には4500ドルを下回るまでになっていたのです。銅鉱山を開発する企業の株式を取得するなどして、両社が銅の開発案件に投資をしたのは2011～2012年に銅価格が高値圏にあった時期なので、もっとも損失が膨らむパターンになってしまったというわけなのです。

## 図表 6　資源価格の下落による業績悪化例

（億円）

| 会社名 | 2014年度 | | 2015年度 | |
|---|---|---|---|---|
| | 売上高 | 最終損益 | 売上高 | 最終損益 |
| 三菱商事 | 76,694 | 4,005 | 69,255 | -1,493 |
| 三井物産 | 54,049 | 3,064 | 47,596 | -834 |
| 丸紅 | 78,342 | 1,056 | 73,002 | 622 |
| 伊藤忠商事 | 55,914 | 3,005 | 50,835 | 2,403 |
| 住友商事 | 37,622 | -731 | 40,108 | 745 |
| JXホールディングス | 108,824 | -2,772 | 87,378 | -2,785 |
| 出光興産 | 46,297 | -1,379 | 35,702 | -359 |
| コスモエネルギーホールディングス | 30,358 | -777 | 22,443 | -502 |

（資料）各社決算資料

資源関連で減損損失を計上したものの、
建機事業が好調で黒字転換

**資源価格相場を見誤った総合商社や**
**石油元売り大手は**
**業績悪化・赤字決算が続く**

## 専門家任せの景気判断ほど危険なものはない

エネルギー資源価格の動向を見誤ったのは、大手商社ばかりではありません。石油元売り大手も、原油価格がさらに下落するなどという情勢は予測していなかったのでしょう。

２０１５年度（２０１５年４月～２０１６年３月）の決算では、最大手のＪＸホールディングスが２７８５億円の赤字（前年度は２７７２億円の赤字）、コスモエネルギーホールディングスが５０２億円の赤字（前年度は７７７億円の赤字）、出光興産が３５９億円の赤字（前年度は１３７９億円の赤字）となり、石油元売り大手３社は２０１４年度に続き2年連続の赤字となってしまいました。

２０１４年度の決算を発表する時点では、３社とも２０１５年度の黒字化を見込んでいたのですが、それは「原油価格はもうこれ以上は下がらないだろう」という甘い見通しに基づいてのものだったのでしょう。そして、その甘い見通しの根拠となったのは、当時の国際機関や民間シンクタンクなどの予測であったのではないでしょうか。

というのも、もっとも知名度が高い国際機関であるＩＭＦ（国際通貨基金）は、

## 図表 7　IMFのWTI原油価格の予測

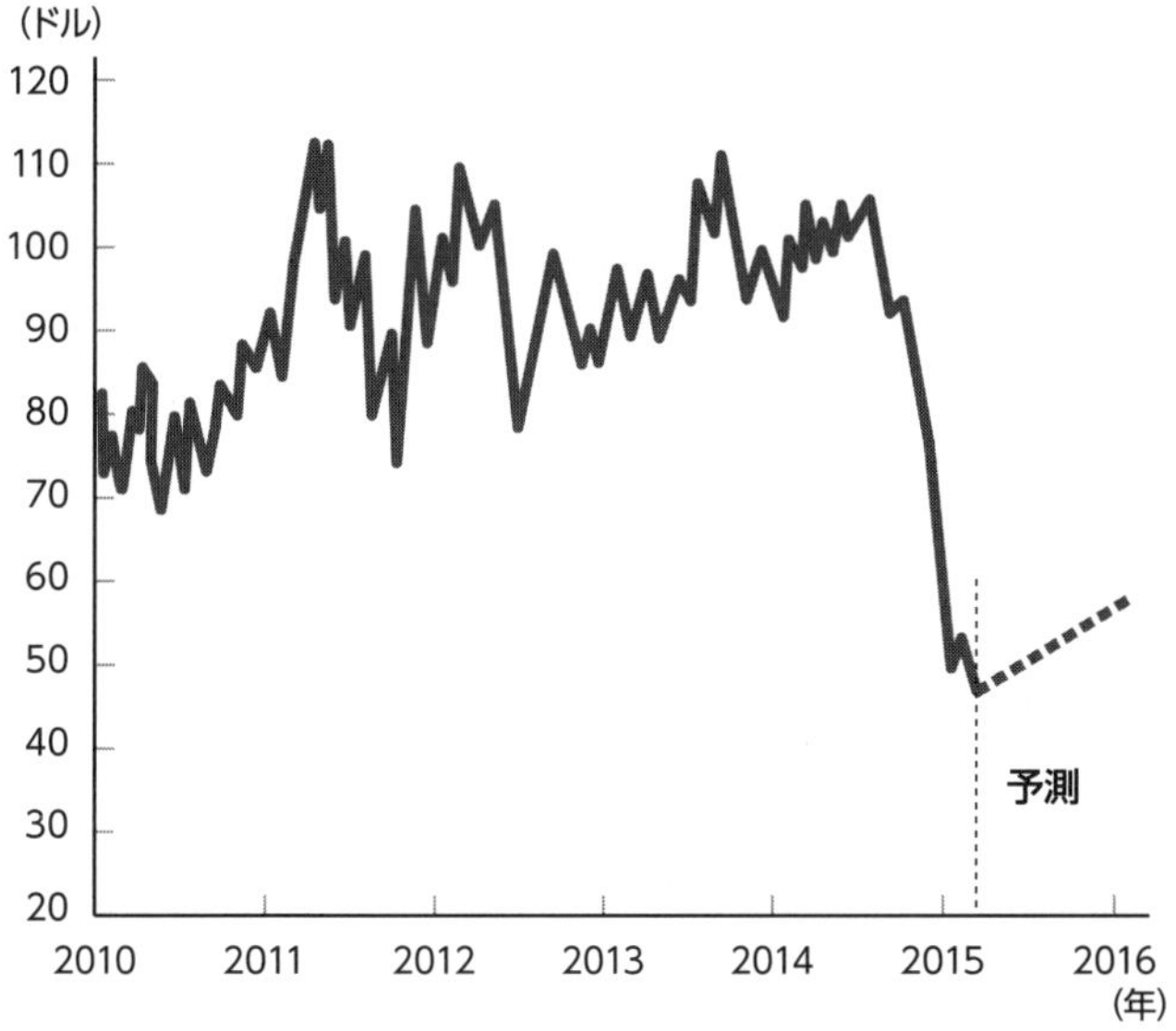


(資料) IMF

「50ドルから60ドルへ
右肩上がりの予測をしたが
現実は大きく下落した」

2015年3月時点の「商品価格の見通しとリスク（原題：Commodity Price Outlook & Risks）」というレポートにおいて、その先1年間のWTI原油価格が50ドルから60ドルへと緩やかな右肩上がりで推移するという予測をしていたからです。

また、大和総研でも2015年2月の「日本経済見通し（2015－2024年度）」というレポートのなかで、原油の想定価格を2015年が55ドル、2016年が60ドルとしていたのです。

結局のところ、原油価格のいっそうの下落によって、石油元売り大手3社では原油在庫のさらなる評価損が発生しただけでなく、海外油田への資源開発投資でも採算が悪化してしまいました。企業経営者やビジネスリーダーたちは、原油の需要と供給について自らでしっかり分析することなく、いつも**あてにならない専門家任せにしてしまうことから、そろいもそろって経営や投資に失敗してしまう**のです。

第2章でも述べているように、国際機関やシンクタンクなどでは、経済や金融市場の動向について、当たり障りのない無難な予測しか示されません。保守的かつ横並びのような予測があまりにも多いため、ひとたび世界経済や金融市場のトレンドが変化すると、またたく間にそれらの予測はすべて外れてしまうのです。

# 処方箋③-1 経営に失敗しない第一歩は、国際機関の見通しに頼らないこと

私は社交場や講演などで大企業の会長、社長、役員の方々と意見交換をすることがあるのですが、とりわけ経済や市場に大きな変化が表れた後では、僭越《せんえつ》ながら彼らに対して積極的に質問しています。なぜ質問をするのかというと、その質問への受け答え方によって、その人の経済観や経営感覚を垣間見ることができるからです。場合によっては、垣間見るどころか、深い造詣に感心させられることもあります。

## 先行きを予測できない人は経営者失格

しかしその反面、がっかりさせられることが多いのも事実です。経済や経営の話の流れ

のなかで、「中国経済の減速は予測していましたか?」「原油価格の下落は予想できていましたか?」といった質問に対して企業経営者の方々から返ってくる答えは、ほとんどの場合、「経済の予測などできるわけがない」「原油安なんて予測できるはずがない」というものなのです。

私の眼には、そのような考え方をする経営者は、先ほど取り上げた大手商社のように怠慢な経営をしているように映ってしまいます。大手商社はそろって2015年度の業績悪化の原因について「環境の変化のため」「資源価格が下落したため」といった説明をしたわけですが、それらの説明には「なぜそうなったのか」といういちばん大事な理由が欠けていたのです。その無責任な経営の根底には、「資源安なんて予測できるはずがない」といった考えがあるのは間違いないでしょう。

要するに、「……なんて予測できるはずがない」という考えは、経済や市場の動向が自社の業績に大きな影響を与えるにもかかわらず、その点には経営者としてまったく責任を持つことができないという意思表示でもあるのです。昨今のグローバル経済下では、経営戦略と経済予測、あるいは経営戦略と市場予測が密接に結びついているので、経済や市場の予測を最初から切り捨てている経営者が多いというのは、日本にとってあまり歓迎できる環境ではありません。

## 専門家の予測ほど大きく外している

私はエネルギーや資源の専門家ではありませんが、拙著『シェール革命後の世界勢力図』（ダイヤモンド社、2013年6月）および『新興国 中・韓・印・露・ブラジル経済総くずれ』（徳間書店、2013年9月）において、米国のシェール革命による原油の供給増と中国経済の減速によるエネルギー資源の需要減について説明し、「原油価格は数年以内に50ドル割れをする（半値以下になる）」「原油価格の暴落に伴い、他のエネルギー資源価格も暴落する」と事前に注意を促していました（過去の拙著に興味がございましたら、ぜひ手に取ってご覧ください）。

経済的な事象を先入観なしにありのままに俯瞰すれば、エネルギー資源の需要と供給のバランスが大きく逆転するという兆しが、すでに2012年には、米国のシェール企業の生産性向上により見られ始めていました。さらに2013年には、さまざまなデータから中国経済の減速が数年以内に深刻化するという見立てができたので、エネルギー資源価格の暴落が起こることは、かなり高い精度で予見できて当然のことだったのです。

しかしその当時は、私の見解に対して懐疑的な見方をする専門家がほとんどでした。「これから新興国の需要が伸びるのに、原油価格が下がるわけがない」というのが、ごく一般的な反応だったのです。もちろん、私自身はそれも仕方がない反応であったと思っています。なぜなら、ＩＭＦやＯＥＣＤ、世界銀行、ＯＰＥＣなどの国際機関がそろって「今後も原油価格は緩やかに上昇を続ける」という内容の予測を公表していたからです。

具体的には、ＩＭＦの２０１３年４月時点の予測では、原油価格は２０１４〜２０１５年に１００ドル前後という内容になっていますし、世界銀行の２０１４年１月の見通しでも、２０１４年は１０３ドル、２０１５年は１００ドルというように述べられています。

実のところ、ＩＭＦや世界銀行などの原油価格の予測の内容を振り返ってみると、供給サイドと需要サイドの両方において、とてもまともな分析がされているとは思えませんでした。供給サイドでは、米国シェール企業の技術革新に関する調査をしていないせいか、米国の原油生産量の増加をかなり保守的に少なく見積もっているようでしたし、需要サイドでは、中国の経済成長率が高止まりを続けるという前提のもと、２０１４年以降の減速をまったくといっていいほど予測していなかったようなのです。

## 過去の実績だけで将来を判断してはいけない

先ほどご紹介した拙著のなかでは、原油や資源の価格が暴落することにより、ロシアのような産油国やブラジルなどの資源国の経済が苦境に陥ることについても、警鐘を鳴らしました。とりわけブラジル経済においては、鉄鉱石の価格が大幅に下がることで、これまでの借金経済が回らなくなるだろうとし、2014年までは何とかごまかしながらしのげても、2016年にはかなり厳しくなっているのではないかと、説明したのです。

また、トヨタ自動車をはじめ、日本を代表する企業がブラジル進出に本腰を入れつつあるという事態に対して、今はブラジル投資にあまりのめり込まないほうが得策だというアドバイスをしました。ブラジルには鉄鉱石の価格下落というアキレス腱のほかに、当時から家計の債務返済比率がリーマン・ショック前の米国の比率を上回っていたため、借金経済が回らなくなると消費が急激に悪化するということが、容易に読み取れたからです。

しかしその後も、多くの日本企業はブラジル経済が順調に成長するだろうと考えて、続々とブラジルに進出していきました。その背景にあるのは、ＩＭＦやＯＥＣＤなどの国際機関、あるいは民間シンクタンクが、ブラジルの高成長は続くだろうと異口同音に予測していたという事実です。たとえば、ＩＭＦは２０１３年10月の時点で、ブラジルの経済成長率について、２０１４年が2・5%、２０１８年が3・5%と予測していたのです。

しかし実際には、ブラジルの経済成長率は２０１４年が０・１%、２０１５年がマイナス３・85%となり、２０１６年もマイナス成長に陥る可能性が高いといわれています。２０１５年、２０１６年と2年連続でマイナス成長になれば、それは史上初めてということになるわけですが、横並びでブラジルに進出した日本企業は２０１６年になってから、一斉にブラジルでの人員削減や工場休止を決定したり、事業そのものの撤退などを始めたりしています。２０１６年にブラジルから撤退を決めた企業名をそらで思い出すだけでも、新日鉄住金、ＩＨＩ、日揮、川崎重工業、三菱重工業、三菱商事といった、そうそうたる大企業が次々と出てくるほどなのです。

## 経済観・相場観が企業収益を大きく左右する

これらの事例が示しているのは、国際機関やシンクタンクの経済予測を鵜呑《うの》みにしてし

**図表 8 IMFのブラジルの成長率予測(2013年当時)**

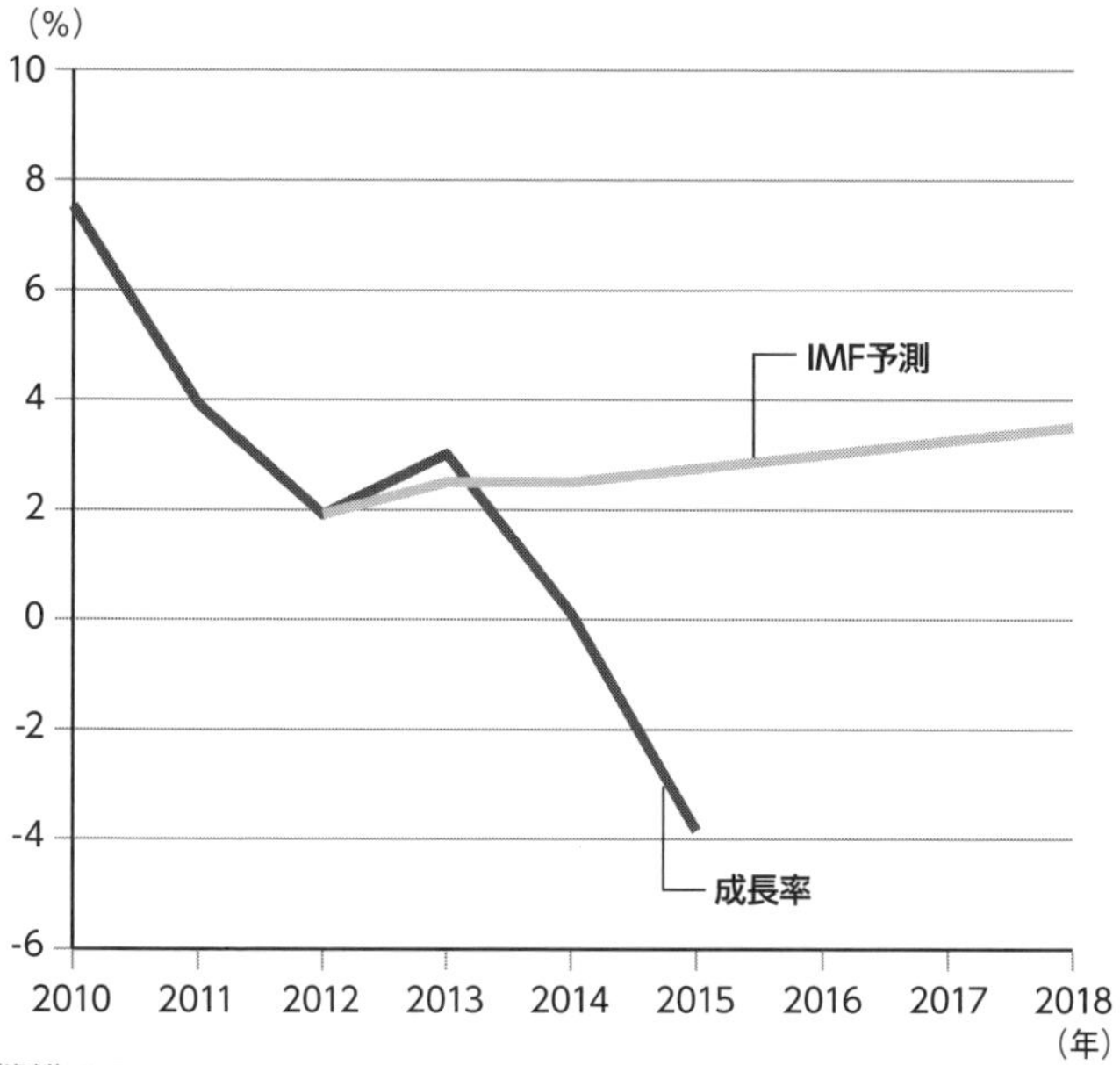


(資料)IMF

「IMF は長期の予測を立てるが
トレンドに沿った予測しかできない」

まうと、経済の流れが大きく変わる転換点を見失ってしまうということです。日本の企業経営者たちに**自らの経済観・相場観を持ってほしい**、私はそう考えています。それは、経営者の経済観・相場観が企業収益を大きく左右することになるからです。だからこそ、保守的で横並びになりがちな国際機関やシンクタンクの予測を、決してあてにしてはいけません。

とにもかくにも、経営者はいろいろな情報を集め、広い視野を持って自分のあたまで合理的に考えなければならないのです。

## 処方箋③-2

# 情報を先読みして投資のタイミングを逃さない

日本の企業は欧米の企業に比べると堅実な経営をしているように見えますが、本当のところは決してそうではありません。投資のタイミングが悪すぎるという点では、経営のリスクがよりいっそう高まってしまうからです。

先に述べたように、経営者自らが経済や市場の予測を放棄し、業績を左右する重大事項を専門家任せにしてしまっているのは、非常に憂うべき問題ですが、それを抜きにしても、日本企業はまったくもって投資が上手ではありません。なぜ上手ではないのかというと、**投資のタイミングがかなり遅い**からです。

## リスクを避けようとする慎重な姿勢がかえってリスクを高めている

欧米の企業に比べて、日本企業は投資のタイミングが遅すぎるという重大な欠点があります。投資のタイミングが遅れれば遅れるほど、投資の金額が高騰するのが常であり、その後の経済・市場の変化が大きくなればなるほど、資金の回収が難しくなり、経営リスクが高まってしまうのです。

欧米企業は素早く意思決定をして、積極的に事業リスクを取ることで、高い収益を手に入れようとしています。それに対して日本企業は、なるべく経営リスクが高まらないようにと調査や検討を重ねて、「これで大丈夫だ」と思えるようになってから投資をするため、どうしても投資のタイミングが遅くなります。その結果、経営リスクが高まってしまうのですから、**リスクを避けようとして、かえってリスクが高まっている**というわけです。

せっかく景気拡大期に投資を行おうとしても、あれこれ調べているうちに、景気拡大の最終局面に差し掛かってしまい、その投資をすることが経営リスクを高めることにつながるといった、笑い話のようなことが実際に行われています。それを象徴する例としては、この章ですでに取り上げたように、米国の住宅バブルの終盤期であった2005~2006年に投資を拡大した企業、あるいは、2013~2014年のブラジル経済の転換期にブラジルに進出した企業などが挙げられるでしょう。

また、商品相場が上昇し始めた初動の段階で、なかなか投資を決断できないでいるうちに、海外企業に優良な投資案件で先を越されてしまうパターンもよく見られます。そして、商品相場がずいぶん高騰したあとに、割高な投資案件に飛び付き、損失リスクを拡大させてしまうのです。銅価格が高値圏にあるときに、三菱商事や三井物産が銅の大型案件に投資してしまったのも、その典型例だといえるでしょう。

## 意思決定の遅さは事業にとって致命傷になる

投資のタイミングがより重要になっている背景には、経済のグローバル化や情報技術（IT）が進展したことで、経済やビジネスのサイクルが非常に短く、かつ速くなってきているということがあります。

経済のグローバル化によって、数年前には絶好調だった国の経済が、今となっては大変な景気悪化に苦しむようになっています。たとえば、エネルギー資源の価格が高騰していた時期のブラジルやロシアの経済は、新興国としてかなりの勢いを持っていましたが、エネルギーや資源の価格が暴落すると、国内経済は急速に悪化してしまいました。ほんの数年前までは高い経済成長に沸いていたのに、いったん経済の大きな流れが転換し始めると、ものすごい勢いで景気が落ち込むなかで、企業収益が大幅に悪化し、人々の生活水準も引き下げられていくのです。

あるいは、数年前には多額の利益が出ていたビジネスモデルが、もはやまったく通用しなくなるということも珍しくはありません。昨今の代表例としては、スマートフォンの登場によって、その他のいくつものビジネスモデルが衰退してしまったという事例が挙げられます。

スマートフォンが迅速に普及したことによって、従来の携帯電話はもちろん、デジタルカメラ、デジタルオーディオプレーヤー、家庭用ゲーム機やゲームソフト、個人向けパソコンなどが売れなくなってしまったのです。技術革新により新しいビジネスモデルが勃興してくると、既存のいくつもの業界があっという間に悪くなってしまうというわけです。

たとえば、スマートフォンの台頭により、キヤノンやニコンではデジタルカメラの販売減少が顕著になりましたし、任天堂やセガは家庭用ゲーム機・ゲームソフトが売れなくなり大リストラを敢行、今ではスマートフォン向けのゲーム開発に力を入れ始めているほどなのです。

## 激変する時代だからこそ、経済の流れを見る目が大事

そのような状況が当たり前になってきているわけですから、経済の大きな流れを見極める必要性はいっそう高まっているように思われます。技術革新に関しては、昔も今も先が見えにくい状況に変わりはありません。情報技術や人工知能（ＡＩ）がどこまで進化するのか、どのような形で私たちの生活を便利なものにするのか、詳細に見通すことは難しいからです。

しかも、経済の動きは10年前、20年前よりも格段に速くなっているので、従来のように20～25年といった長期間で投資を回収するのではなく、投資先の国々の経済状況等を冷静に分析しながら、**なるべく早く投資を回収していくことが重要**になっています。だからこそ、せめて経済の流れを見る目を養い、投資の失敗を極力減らしていく必要があるのです。

失敗例④

# なぜ世界のグローバル企業は経営や投資に失敗したのか

日本企業よりは経営や投資が下手でないにしても、欧米のグローバル企業も例外なく、似たような失敗を繰り返しています。

たとえば、石油メジャーと呼ばれる巨大企業であっても、近年の原油価格の下落では大きな打撃を受けています。英蘭ロイヤル・ダッチ・シェルの2015年通期の決算は、19億4000万ドルの黒字（前期は148億4000万ドルの黒字）となり、利益は前期に比べ87％も減少、13年ぶりの低水準に陥ることとなりました。2015年中には、原油価格が高かったときに着手したアラスカの北極海やカナダ、アブダビなど多くの開発案件を停止したうえで、6500人もの人員削減に手を付けざるをえなかったのです。

米シェブロンの2015年通期の決算も、英蘭ロイヤル・ダッチ・シェルと同じように厳しいものとなりました。45億8700万ドルの黒字（前期は192億4100万ドルの黒字）となり、利益は前期に比べて76％減少、過去10年あまりで最低の水準となりました。カナダ沖の北極海などで着手した開発案件は、原油安で採算が合わなくなったために中止を決定しています。そのうえ、2015年には7000人の人員を削減し、2016年にも4000人を削減するといいますから、2年間で17％に相当する従業員のリストラが行われることになります。

## 欧米大企業でも経済の先行きを見抜けなかった

また、資源メジャーといわれる大企業も、中国の成長鈍化とそれに伴う資源価格の下落により、苦しい状況に喘いでいます。英豪リオ・ティントの2015年通期の決算は、8億ドルの赤字（前期は65億ドルの黒字）へと転落しました。鉄鉱石価格が高かったときに、アフリカなどへの投資にのめり込み、今になってその減損損失が膨らんでいることが響いているのです。

英アングロ・アメリカンも2015年通期の決算では、56億ドルの赤字（前期は25億ドルの赤字）へと、赤字額が2倍超に拡大しています。やはり、鉄鉱石やプラチナなどの資源価格の下落が引き金となり、減損損失と採算悪化に苦しんでいるためです。アングロ・アメリカンは資金繰りのひっ迫を回避するために、資産の売却を進めることによって、過大な投資で膨らんだ債務の圧縮を急ごうとしています。

もちろん、資源国であるブラジルに進出した企業も、経営戦略の見直しを迫られています。たとえば、英金融大手のＨＳＢＣホールディングスは、ブラジルの景気悪化への対応が早く、２０１４年にすでにブラジル国内の21支店を閉鎖しました。米アルミ大手のアルコアも、２０１５年にブラジルで唯一残っていたアルミ精錬所を閉鎖しています。２０１６年には米ウォルマート・ストアーズも、ブラジル国内で60店の閉鎖を決定しています。

なぜこれらの欧米大企業が経営や投資に失敗したのかというと、エネルギー資源価格がまだ高かった当時、米国での原油生産量の増加ペースが急ピッチになることや、中国経済の本格的な減速が始まることを、冷静に分析し予測することができなかったからです。それゆえに、無防備にも競合企業との市場シェア争いに突っ走ってしまったのです。

## 近視眼的になりすぎて需給の見通しを見誤る

もう少し歴史をさかのぼれば、GM、フォード、クライスラーのビッグ3も、経済の大きな流れをつかみきれなかった結果、米国の住宅バブル崩壊後に経営危機に陥っています。

2008年当時のビッグ3は、原油価格が高騰している最中に燃費の悪い大型車を生産し続けたために、多くの消費者の離反を招き、販売台数が大きく減少していました。さらに、住宅バブル崩壊に端を発した金融危機の到来によって、米国の消費は大幅に落ち込み、自動車販売台数もいっそう落ち込んでいったのです。当然ながら、ビッグ3には高コスト体質という大きな足かせもありましたが、経営危機にまで陥った最大の原因は、間違いなく経済の大きな流れを予測できなかったことに起因しています。

いずれにしても、石油メジャー、資源メジャー、米自動車大手など、これら多くの欧米企業の事例に共通するのは、経済の大きな流れに伴う需要と供給の動向を大きく読み違えていたということです。その読み違えこそが、経営戦略の失敗の根幹に強く関わっているのです。たとえグローバルな競争で短期的な成果を求める傾向が強まっているとはいって

## 図表 9　経済予測ができないと、グローバル企業でもダメージを受ける

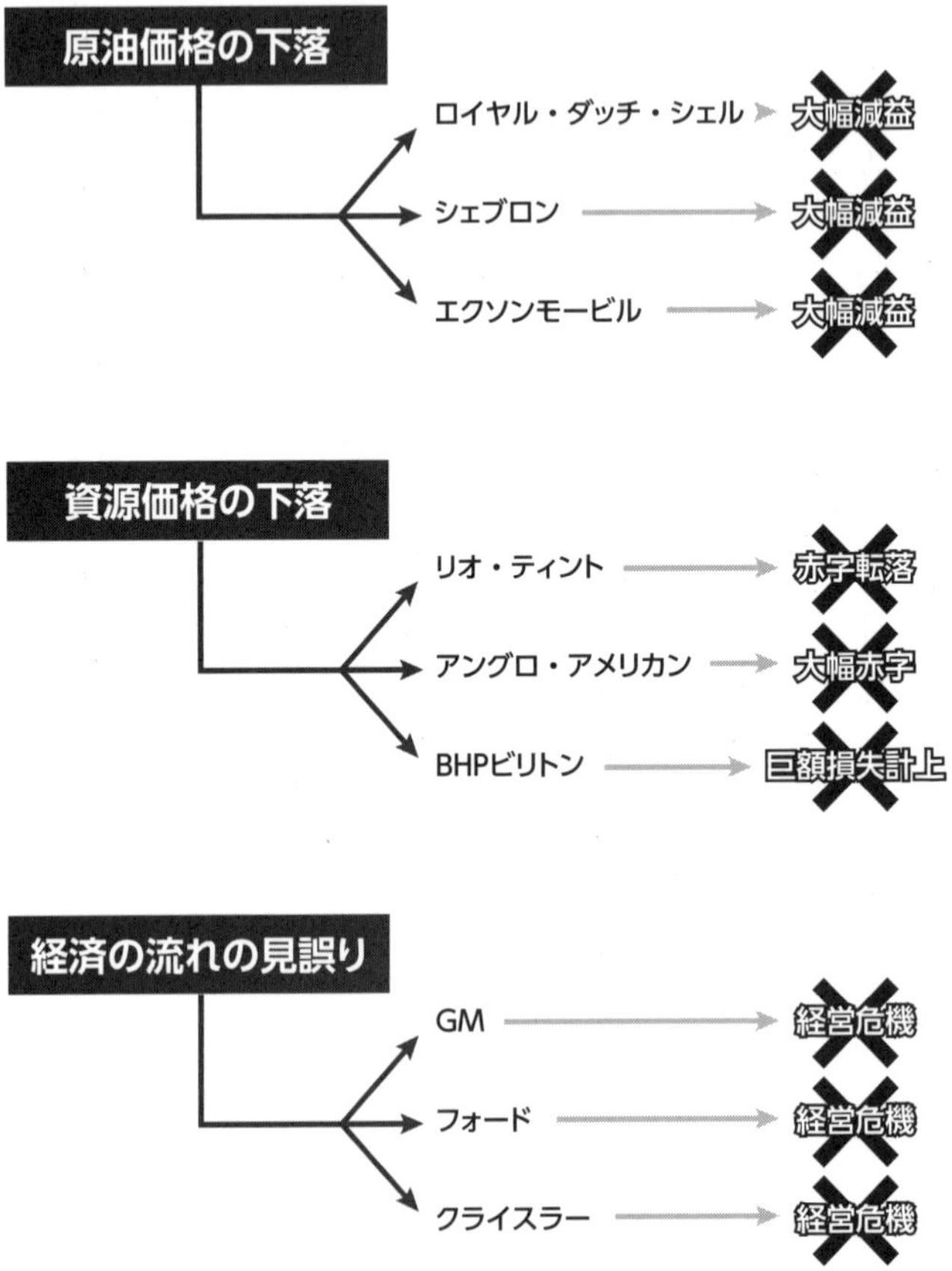

も、経済の流れを見極められないばかりか、需要と供給の見通しも冷静にできない企業があまりにも多すぎます。

過去10年足らずで欧米の企業が失敗を繰り返してきたのを見ていると、日本の企業だけが経営や投資が下手なのではないということが十分にわかります。経営や投資がうまいといわれる欧米企業の経営者でも、実際には経済の流れが見極められないという点では、あるいは需要と供給が読めないという点では、日本企業の経営者とあまり変わりがないのです。

# 処方箋④ 失敗を繰り返し、それを教訓として生かせない原因

企業や経営者が経営や投資で失敗する最大の原因は、これまで何度も指摘したように、経済の流れが見極められないということにあります。正確にいえば、将来の需要と供給の関係を予測することも、経済の流れを見極める作業のひとつに含まれています。

それでは、なぜ経済の流れを見極められないのかというと、主に次の3つの問題点があるからです。

## まわりと同じことをして安心したい人間の心理

1つめの問題点は、大多数の企業も人も、**現状を追認してしまう悪い癖を持っていると**

いうことです。みんなと同じ現状認識を持っていれば、不安が少なくなり安心することができます。それは裏を返せば、自分ひとりが周囲と違う見解や判断を示すことは精神的な負担を感じるという、人間の弱さでもあります。

このような心理的な状態を、行動ファイナンスという学問では**「順応的態度」**と呼んでいます。

過去や現在だけでなく、おそらく将来も、企業の経営や投資の現場では、「順応的態度」に支配される傾向が続くことになるでしょう。そして、同じ方向に、同じタイミングで進むという安心感には、企業も経営者もなかなか抗《あらが》うことが難しいでしょう。その結果、「赤信号、みんなで渡れば怖くない」という状況が慢性化してしまい、あとで経営上の大きな失敗をしたり、想定していなかった損失を計上したりすることになるのです。

## 目の前の競争だけしか見えない経営者

2つめの問題点は、**企業間のグローバル競争に乗り遅れてはいけないという考えを優先しすぎるあまり、経済についての冷静な分析が軽視または無視されている**ということです。

経済の大きな流れを見ないまま、競争相手の背中に一歩でも追いつきたい、あるいは追い抜きたいとの思いから、目先の競争を重視してしまいます。経済の変化などに関係なく経営戦略や投資を決めるわけですから、失敗する可能性が高まってしまうのは当たり前だといえるでしょう。

しかしそうはいっても、日本企業の多くは欧米企業とのグローバル競争に乗り遅れています。グローバル競争に乗り遅れるなといいながら、実際には東南アジア以外の地域では世界の競合他社にまったく追いついていません。それは、日本では同じ業種のなかに競合先が多いため、グローバル競争をする以前に、日本企業の間での競争に注力せざるをえず、世界的な競争に遅れがちになってしまうからです。だから、経済の流れが大きく変わると、投資が遅れる日本企業は、欧米企業に比べて損失が膨らむ可能性が高いといえるわけです。

## 外部環境のせいにすれば責任を追及されないという問題

3つめの問題点は、**経済の悪化が業績悪化の原因であれば、欧米でも日本でも経営者は責任を問われない**傾向があるということです。私が知るかぎり、日本の大企業では外部環境の悪化を理由に首を切られた経営者はいませんし、欧米の大企業でも外部環境の悪化で首を切られるという経営者は極めて稀です（ただし欧米では、他社と比べて業績が悪いという理由で、経営者が株主からの圧力で解雇されるケースは枚挙にいとまがありません）。

とりわけ日本人は性格上、経営失敗の責任者を特定し、組織の中で批判するということを好ましいとは考えていません。これからも同じ組織で働く経営者や経営陣の責任を追及することで、無用な恨みを受けたくないとみんなが考えて、なるべく穏便に済まそうとするのです。こうした日本人の性格も、冷静な経済分析を妨げる要因になっているといえるでしょう。

これら3つの問題点の免罪符として機能しているのが、国際機関やシンクタンクの予測です。経済の分析や予測を国際機関やシンクタンクなどに頼り切っている状況が問題です。1つめの問題点では、ＩＭＦなどの分析・予測が企業の「順応的態度」を補強しているともいえます。2つめの問題点では、ＩＭＦなどの専門家の予測があるからこそ、企業自らが経済を冷静に見る機会を放棄してしまっていると考えられます。そのうえで、3つめの問題点のように、「専門家のＩＭＦが外したのだから、経営の失敗は仕方がないことだった」という意見が企業社会のなかで根付いてしまっているのです。

## 処方箋⑤

# いちばん求められるのは、経済の趨勢を見極める力

経済の趨勢《すうせい》を見極める能力に長けていれば、米国の住宅バブル崩壊やエネルギー資源価格の暴落により、企業は巨額の損失を被ることはなかったでしょう。多くの経営者やビジネスリーダーは、**経済のトレンドが転換したときに生じる損失について軽く見すぎています**。というのも、その損失によって将来の経営・投資における選択肢が狭められてしまうという事実が忘れ去られているからです。

たとえば、トヨタ自動車が米国の住宅バブル崩壊を予測することができていたら、世界経済が最悪の時期であった２００８～２００９年に積極的かつ戦略的な設備投資を行うことによって、今ごろはダントツで世界ナンバー１の自動車メーカーとして君臨することができたのではないでしょうか。経営者やビジネスリーダーは今こそ、自らが経済を分析・

予測する必要性を認識すべき時期に来ているのです。

## 経営陣には経済を見通せる人材が不可欠

これまで見てきたとおり、大企業の経営者のなかには、「今この時期に、その選択肢はないだろう」と大いに疑問を感じるような選択をする人が少なくありません。それは、多くのケースでは間違いなく、経済の大きな流れを理解していないことに起因しています。もっとも、厳密にいえば、必ずしも経営者自身が経済予測の専門家である必要はありません。経営陣のなかに経済予測の専門家がいれば、経営上の判断を補完することができ、なにも問題は生じないからです。

しかし、これは世界的な傾向なのですが、実際には企業の経営陣のなかに、経済を的確に分析できる経営者の腹心になるべき人物がいないという問題があります。だから、世界中の大企業が間違った選択をして大損失を抱えるといった事例が後を絶たないわけです。とりわけ日本企業は経営判断や投資の時期が欧米企業に比べて遅いため、世界経済が不況になったときに損失が膨らみやすく、投資の失敗が目立って見えてしまうのです。

ちなみに、私が経済の分析・予測の専門家というとき、それは国際機関やシンクタンクに所属しているエコノミストや、大学・大学院などで経済を教えている経済学者といった人たちではありません。彼らは大概において「順応的態度」を選択することで、現状追認型の見通しに引きずられてしまい、経済の大きな流れを見誤ってしまう傾向が強いからです。私がいう本当の経済の専門家とは、経済学的な視点だけでなく、さまざまな視点から経済を分析できる人のことを指しています。

## 3つの視点で経済を俯瞰する

私は原油などのエネルギーの専門家ではありません。鉄鉱石などの資源の専門家でもありません。エネルギーの専門家や資源の専門家の多くが2013年の時点で原油や資源の大幅な価格下落を予測できなかったというのに、どうして専門家でもない私にそれができたのでしょうか。それは、第4章で述べる3つの視点を融合して、経済を俯瞰的に見ているからです。

**〈経済予測のための3つの視点〉**

「物事の本質とは何か」
「歴史の教訓をどのように生かすのか」
「自然科学の発想をどのように生かすのか」

経営者やリーダーに求められるのは、世界経済の大きな流れを的確に把握したうえで、それに柔軟に対応することです。昨今はグローバル競争が激しさを増すなかで、新興国や途上国に進出する企業が増え続けています。その際は、世界経済の大きな流れだけでなく、進出先の国の経済の流れも見通さなければなりません。それができなければ、多額の投資をムダにすることになってしまうからです。

経営者やリーダーに経済の流れを見極める目が備わっていれば、経営や投資で失敗するケースは確実に減っていくことになります。たとえ当初は間違った経営や投資を始めてしまったとしても、経済の見通しを早めに軌道修正することにより、失敗による損失を最小限に抑えることが可能となります。

堅実な経営や投資を実践するためにも、本書で提唱する「経済予測のための3つの視点」をつねに意識して、経済の行く末を自分自身で考える癖をつけてもらいたいと思っています。そうすれば、経営や投資で誤った判断をすることが少なくなるでしょうし、その結果として、経営や投資に幅が広がり、競合企業を引き離す絶好の機会を得ることができるのではないでしょうか。

# 第2章

# 経済予測ができないシンクタンクを信用するな

# 1 経営者の経済・市場の予測は、なぜこうも外れてしまうのか

日本経済新聞では毎年1月1日の朝刊に、見開き2面を使って、日本を代表する大企業の名だたる経営者たちの「経済や市場の見通し」を掲載しています。

2016年1月1日の日本経済新聞でも、「経営者が占う2016年」と題して、大企業の経営者たちが日本の経済成長率や円相場、株価などについて予測をしています。

主要企業の経営者20人に2016年度（2016年4月~2017年3月）の景気見通しを聞いたところ、国内総生産（GDP）の成長率は平均で1・5％となりました。その内訳を見ると、1・7％が2人、1・6％が2人、1・5％が12人、1・25％が1人、1・2％が2人、1・0％が1人であり、だいたいのところ当たり障りのない無難な内容となっています。私の現時点（2016年6月）の予測では、政府が大型の景気刺激策を講

じるようですが、それでも2016年度の成長率は1・0％程度あるいは1％未満になるのではないかと見ています。

## 円相場も株価見通しもすべて予測が外れた

しかしその一方で、円相場や株価の見通しについては、20人の経営者がそろいもそろって、1年の前半を待つこともなく、ものの見事に予測を外してしまっています。

円相場の見通しは2016年6月末予測の平均が123円ぴったり、12月末が123円60銭となり、2015年に続いて緩やかな円安・ドル高を見込んでいたのです。6月末の内訳では20人中16人が120円台の円安になると考え、もっとも円高に振れた場合でも115円が3人、110円が1人でした。12月末の内訳でも、ほぼ同じ内容となっています。

実際の円相場の推移はどうだったのかというと、2016年の1月早々に120円を割り込み、2～3月には111～113円台が多くなり、4～5月には110円割れが当たり前となっていました。6月には一時的とはいえ100円割れがあり、6月末は102円台で終了していたのです。すなわち、20人すべてが見通しを大きく外してしまったというわけです。おそらく、12月末の結果も変わらないことになるでしょう。

日経平均株価の見通しでは、2016年の高値予想の平均は2万2300円、安値予想の平均は1万8000円となり、円安を背景に企業業績の好調さが持続するという見方が多い内容になっています。特徴としては、高値予想では20人中9人が2万2000円、安値予想では20人中15人が1万8000円と、ある価格に集中しているところです。

実際の株価はみなさんもご存じのとおり、2016年初めから暴落し、1月中には1万7000円を割り込み、2月には一時的に1万5000円を割り込むような局面がありました。もっとも株価が安くなると予想した2人でも1万7000円であったので、株価の見通しにおいては、年初からわずか1週間で20人中18人が外し、たった2週間で20人全員が外してしまったというわけです。

大企業の経営者たちによる経済成長率や円相場、株価の見通しでは、彼らのあげる数字が見事なまでに狭い範囲内に集まる傾向があります。それは、国際機関やシンクタンクの見通し、あるいは、経済・市場のトレンド追認を重視して、自らのあたまで考えることを放棄してしまっているからです。

## 図表 10　大企業の経営者たちの円相場の予想

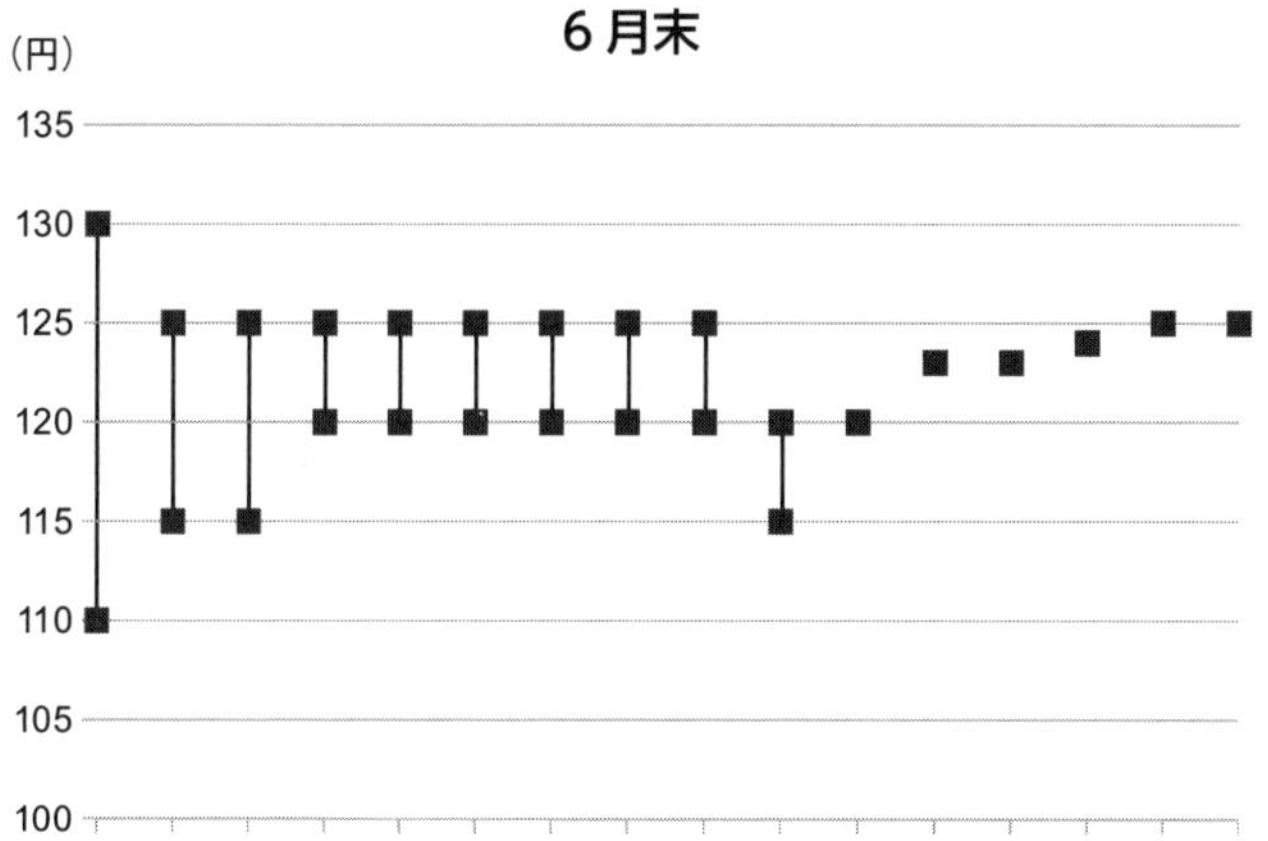


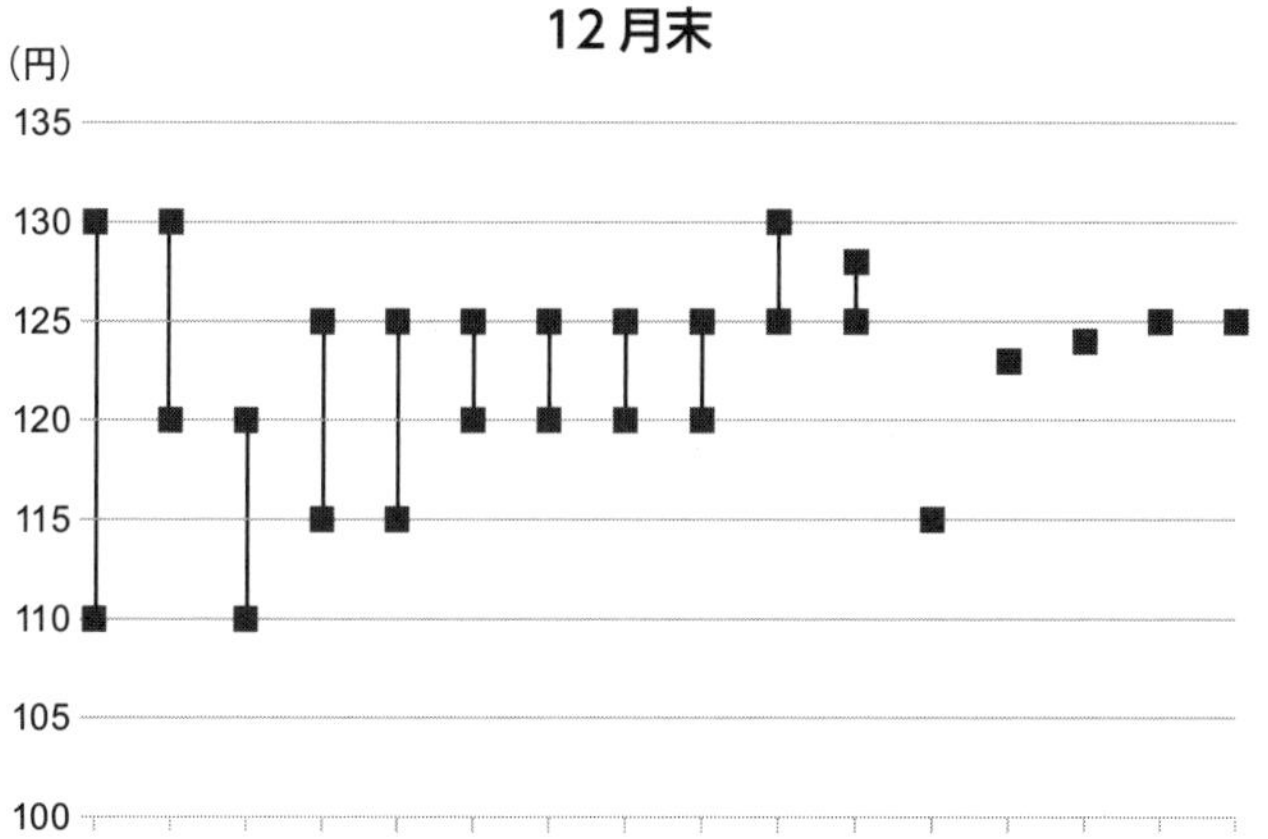

## 図表 11　大企業の経営者たちの日経平均株価の予想

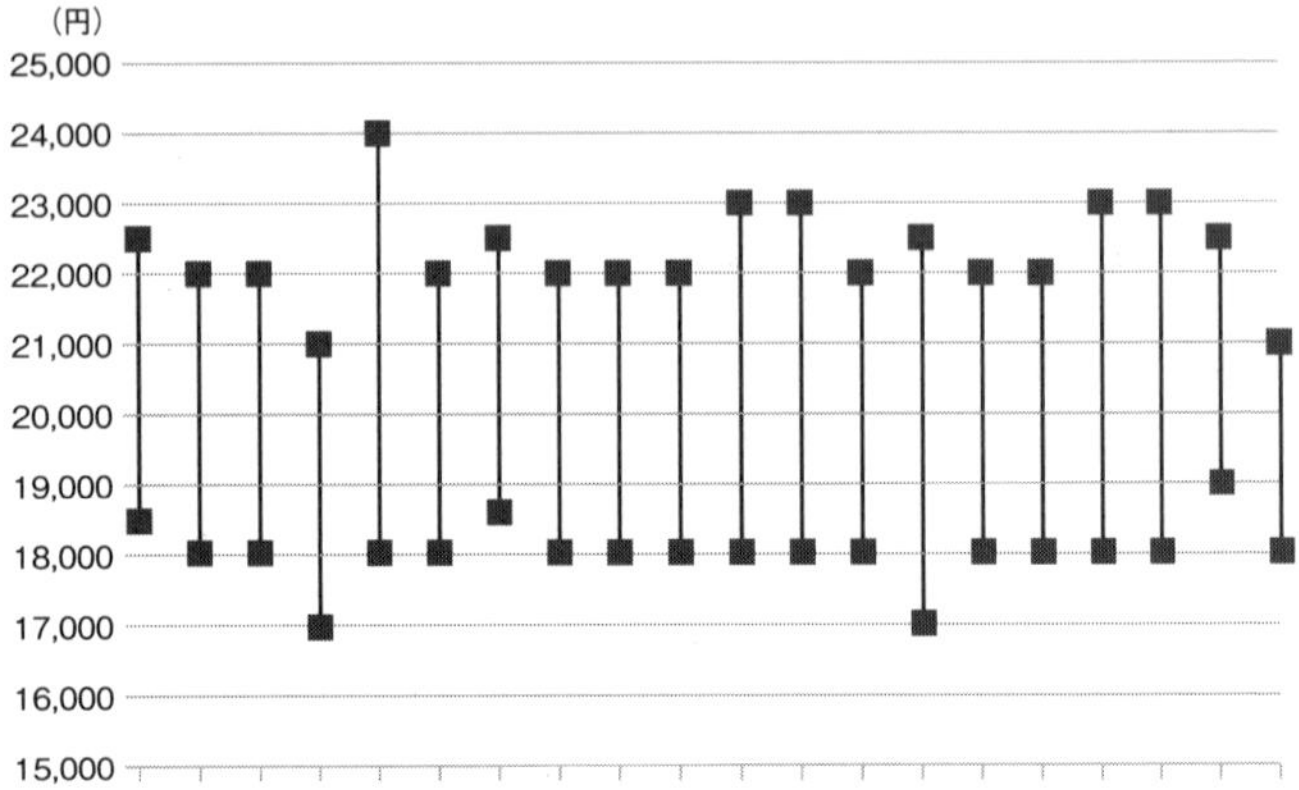


**1週間で9割が予測を外し、
2週間で20人全員が
予測を外してしまった！**

過去10年の日本経済新聞の「経済や市場の見通し」を振り返ってみると、経済や市場の流れが変わらず継続している場合は当たることが多いのですが、ひとたび流れが大きく変わると、目も当てられないほどひどい結果になっています。２０１６年は円相場と株価の予想が悲惨な結果になってしまいましたが、リーマン・ショックがあった２００８年には、やはりすべての見通しが大きく外れてしまっていたのです。

## 市場の見通しを自分で考えることが大事

経済や市場の見通しを大きく外してしまう主たる要因は、経済や市場の大きな流れを見極められないことにあります。ところが経営者たちには、そこで何とか努力して現状を打破しようという気概がまったく感じられません。経済の流れはもちろん、為替や株価の流れなど読めるわけがないという考えが、彼らのあたまのなかに根付いてしまっているからです。

そんな彼らがさまざまな見通しで依存しているのが、国際機関やシンクタンクのあてにならない予測です。だから２０１６年のように、前年と打って変わって市場のトレンドが転換してしまうと、円相場や株価の予想は横並びで外れてしまう傾向が強いのです。経営者は経済や市場の見通しを述べるとき、**自分のあたまで考えることを放棄してはいけません**。たしかに、株価の予想は非常に難しいと思いますが、経済の流れを予測するのはそれほど難しくありませんし、円相場の予想も株価ほどは難しくはないのです。

# 2 なぜ国際機関の経済予測は当たらないのか

私は大企業の役員・幹部の方々向けに講演をするときによく尋ねるのですが、彼らは口々に「原油価格の下落など予測できるわけがなかった」「こんなに円高になるとは思わなかった」といいます。裏を返せば、国際機関やシンクタンクなどから与えられる限られた情報のなかだけで過ごし、有用な情報や考え方を教えてくれる人々に接したことがないのでしょう。

第1章でも少し触れたように、企業の経営の根幹に関わるはずの経済見通しが国際機関やシンクタンクに依存しているというのは、あまり好ましい状況ではありません。

それでは、なぜ国際機関の経済予測は当たらないのでしょうか。この項目では、そのことにフォーカスを当てて、より詳しく説明したいと思います。

## 修正を繰り返すことで国際機関は予測を調整している

ＩＭＦやＯＥＣＤ、世界銀行などの国際機関の予測では、相次いで上方修正や下方修正が繰り返されています。世界経済の拡大期には、時間の経過につれて上方修正される一方で、不況期や低迷期には下方修正される傾向が強いという特徴があるといえるでしょう。

実際のところ、近年の国際機関の経済予測では、時間が経つごとに再三にわたって下方修正が行われています。たとえば、ＩＭＦは世界経済見通しのなかで、２０１６年の世界経済成長率については、２０１５年7月時点では3・8％としていましたが、２０１６年1月には3・4％へ、4月には3・2％へと引き下げ、7月にはさらに3・1％へと引き下げているのです。

ＩＭＦは米国の住宅バブル崩壊が始まろうとしていた矢先であっても、それをバブルと認識することがまったくできませんでした。実際に、２００７年4月の時点では、２００８年の世界経済成長率を4・9％と予測していたばかりか、バブル崩壊の表面化（パリバ・ショック）が直前に迫っていた7月の時点でも、世界経済は引き続き好調に拡

## 図表 12　IMFはトレンドに沿って予測を修正している

### 2016 年の世界経済成長率予測

2015 年 07 月 3.8% → 2016 年 01 月 3.4% → 4 月 3.2% → 7 月 3.1%

### 2008年の世界経済成長率予測

8 月、パリバ・ショック

2007 年 04 月 4.9% → 7 月 5.2% → 10 月 4.8% → 2008 年 01 月 4.1%

「大きな変化が起こってから
事後的に予測を修正するので、
予測としてはあてにならない」

大するだろうとして、成長率を5・2％へと上方修正していたのです。

ところがその直後、パリバ・ショックとそれに伴うサブプライムローン問題がクローズアップされると、2007年10月の見通しでは一転して、世界経済成長率を4・8％へと引き下げ始めます。さらに、2008年1月の見通しでは、成長率を4・1％にまで大幅に引き下げることになります。その後もベア・スターンズやリーマン・ブラザーズの破綻があり、現状を追認した成長率の引き下げが急激に進んだのは、みなさんもご存じのとおりでしょう。

当然のことながら、米国や欧州、日本の成長率をはじめ、為替や株価、原油価格などの見通しでも、2007年前半では事前に動向の変化を予想できずに、まったく当たらなかったことは言うまでもありません。

## 国際機関は過去のトレンドに沿って予測する

IMFの事例からもわかるように国際機関では、経済や市場の見通しはそのときのトレンドに沿ってなされているのが通常です。つまり、**現状を後追いしながら予測しているの**

**と変わらず、事前にはトレンドの転換点をまったく読むことができない**のです。国際機関にとっては予測が外れてもダメージはまったくありませんが、それを重宝する企業にとっては、転換点が見極められないのは致命的なダメージを受ける可能性があります。

そのうえ、国際機関による予測の弱点は、トレンドに沿ってなされているということだけではなく、単純極まりない直線的な予測しかできないという点にもあります。経済という生き物は物理学でいう非線形のような動きをするので、本来であれば**曲線的な予測**をしなければなりません。グローバル経済の加速性や伝播性、企業の生産性の向上を加味すれば、曲線的な予測ができないのは頼りないといわざるをえないでしょう。

もう少しイメージしやすいように説明すると、直線的な予測の前提には、$y = 100 + ax$（あるいは $y = 1 + ax$）の式に表されるような考え方があります。この考え方の最大の欠点は、たとえば2・0％、2・2％、2・4％というように、比例的に数字が計算されるというところです。これに対して私は、世界の連鎖性が強まっているグローバル経済下では、$y = 100 + ax^2$（あるいは $y = 1 + ax^2$）の式のように指数関数的な計算がされるほうが、将来の予測には適していると考えています。そのように計算すれば、いずれトレンドの追認は不可能となり、転換点を意識せざるをえなくなるからです。

## 図表 13　直線と曲線の違い

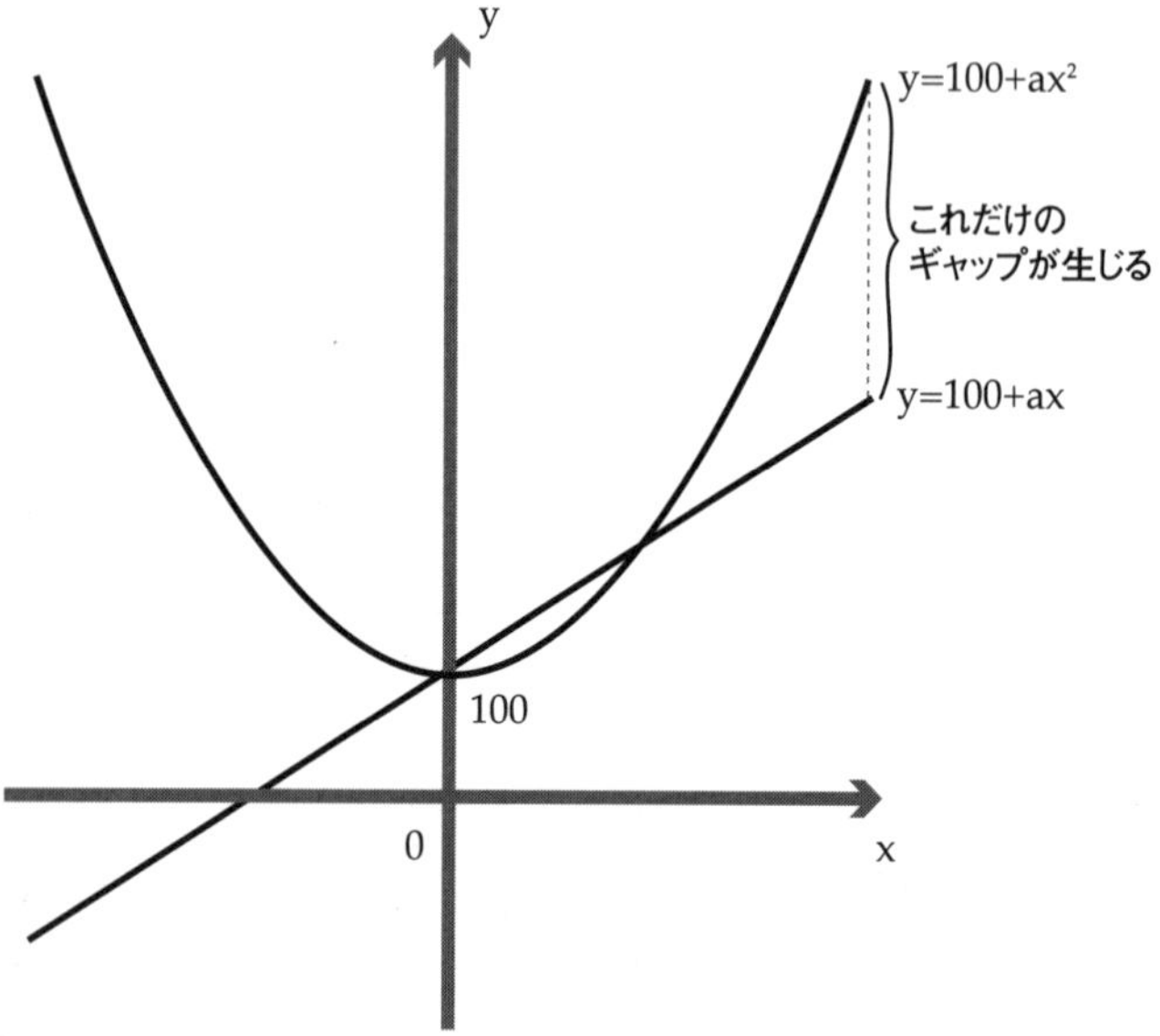


「トレンドに沿った直線的な
発想では、世の中が大きく
変わることを見通せない」

## 日銀の見通しもまったくあてにならない

日銀の金融政策や経済予測が非常に頼りないのも、黒田東彦総裁自身がＩＭＦの経済予測を信じていると公言していることからもわかります。

黒田総裁は２０１５年10月、ペルーで開かれたG20終了後の会見において、「メインシナリオはＩＭＦの見通しにあるとおりだ」と述べ、ＩＭＦの予測を金融政策の前提にしていることを明らかにしました。ですから、２０１５年以降、物価上昇がうまくいかない弁解として、「原油価格の下落は想定外だった」などという言葉が黒田総裁の口から出てくるのです。

私からいわせれば、日銀総裁が「原油価格の下落は想定外だった」と発言することは、「経済・市場の予測はＩＭＦ任せで、自分のあたまでは考えていない」と認めているようなものなのです。経済や市場のトレンドが転換したときにまったく当たらないＩＭＦの予測によって、日本の金融政策の方向性が決められていること自体、私は日本の未来にとって非常に怖いことであると考えています。

今のＩＭＦを筆頭にして、国際機関の経済・市場予測は誰にでもできる保守的な代物なので、時とともに変わっていく経済・市場の動きに対応することができていません。だからこそ、世界中の企業が経営戦略を決めるうえで、または世界中の中央銀行が金融政策を吟味するうえで、国際機関の予測を重宝する必要などはまったくないのです。

# 3 なぜシンクタンクや証券会社の予測は外れるのか

日本では、野村証券や大和証券、三菱ＵＦＪ証券、みずほ証券など証券会社自体が多くのエコノミストを抱えることで、経済や市場の予測に関して強い機能を持っています。そのほかにもシンクタンクとして、証券系では野村総研、大和総研など、銀行系では三菱ＵＦＪリサーチ＆コンサルティング、日本総合研究所、みずほ総合研究所など、生保系では第一生命経済研究所、ニッセイ基礎研究所など、財閥系では三菱総研などがあります。

これらの証券会社やシンクタンクも、経済や市場の予測をよく外しています。それは、前の項目で述べた国際機関の予測と同じように、予測がトレンドに沿ってなされることが多く、直線的かつ保守的なものになる傾向が強いからです。当然のことながら、トレンドの転換点をまったく見極めることができなくなりますし、それゆえに、比較的簡単な予測の方向性さえも、横並びになって外すということが珍しくはないのです。

## 保守的で横並び的な予測しかできない

近年における典型例としては、2014年のGDP成長率についての予測があります。2014年8月に、野村証券、大和証券、SMBC日興証券の大手証券3社は、2014年7~9月期のGDP成長率について、その予測値（年率換算）を公表しました。野村証券が5・9%、大和証券が4・6%、SMBC日興証券4・0%と、なんとも保守的で横並びに近い見通しを立てていたのです。

ところが、実際の数値はどうだったのかというと、マイナス1・9%（速報値）という真逆の結果が出てしまったわけです。驚くべきは、マイナスの数字が出たということよりも、大手証券3社を含め、大手シンクタンクのほとんどが3・0%以上（平均すると4・0%超）の成長率を予測していたということです。このときのマスコミ報道では、想定外の「GDPショック」と騒がれたものです。

なぜ証券会社とシンクタンクがそろいもそろって予測を外してしまったのかというと、

## 図表 14 大手シンクタンクの GDP 成長率予測

| 会社名 | 2014年7-9月期 成長率予測 |
|---|---|
| 野村証券 | 5.9% |
| 大和証券 | 4.6% |
| SMBC 日興証券 | 4.0% |
| 大和総研 | 7.4% |
| 日本総研 | 3.5% |
| ニッセイ基礎研 | 2.8% |
| 第一生命経済研究所 | 3.3% |
| 日本経済研究センター | 3.5% |
| シティグループ証券 | 2.8% |
| BNP パリバ証券 | 3.2% |
| 三菱 UFJ モルガン・スタンレー証券 | 7.9% |

（資料）2014 年 7〜8 月の各紙報道より

**「証券会社、シンクタンクは
どこも強気の予測。しかし、
実質賃金の低下と消費の低迷で
実際の成長率はマイナスだった」**

やはりＧＤＰ成長率のトレンドに従って予測していたからだと思われます。それまでのＧＤＰ成長率をさかのぼってみると、２０１３年７～９月期は１・１％、10～12月期は０・７％と小幅な伸びにとどまったあとに、２０１４年１～３月期は消費増税前の駆け込み消費により６・７％と大幅な伸びを示しました。ところが、続く４～６月期は駆け込み消費の反動でマイナス６・８％と、すべての証券会社やシンクタンクが予測できなかったほどのマイナス幅を記録したのです。

「山高ければ谷深し」「谷深ければ山高し」という格言があるように、すべての証券会社やシンクタンクは、２０１４年４～６月期の想定外の大幅な落ち込みを見ることによって、７～９月期には消費増税の反動が完全に底を打って、消費が力強く回復するだろうと認識していました。そのうえで、米国経済の順調な拡大が続いていたので、いっそうの輸出の回復も見込めるということで、高めのプラス成長率を予測してしまったというわけです。消費増税の反動を不規則なノイズととらえて、その前のトレンドに回帰するだろうと考えてしまったのでしょう。

私は東洋経済オンラインの連載『未来予想図』やブログ『経済を読む』などで、大手証券３社の予測する成長率は高すぎて理解を超えているとし、円安インフレによって実質賃金がどれだけ下がっているのか、それによって消費がどれだけの影響を受けるのか、それらの深刻さを考えると7～9月期の成長率は0％近辺（マイナス1～プラス1％）になるだろうと予測していました。保守的かつ横並び的な分析にとらわれていなければ、経済に関する予測はどの証券会社やシンクタンクよりも実態に近い数値を示すことができるというわけです。

## 予測の結果はきちんと検証されなければいけない

国際機関やシンクタンクの予測に振り回されないためにも、各々の企業はそれらの**予測の結果がどうなったのかを、しっかりと検証したほうがよい**でしょう。残念なことに、国際機関やシンクタンクのなかには「重要なのは、予測が当たることではない。どんな軸となる考え方を持って予測をしているかだ」というエコノミストがいますし、「予測には限界があるということを、予測を聞く側も理解しなくてはいけない」などと、外れることを肯定しようとするエコノミストの意見も聞かれます。

予測の検証がしっかりと行われないかぎり、国際機関やシンクタンクの世界はぬるま湯の状態のまま放置され続けてしまいます。やはり、どこの予測が当たっているのか、当たっていないのかを、経営者やビジネスリーダーたちは明確に検証したほうがよいでしょう。もし本当に検証が行われたとしたら、きっと驚くような結果が出ることになるのではないでしょうか。国際機関やシンクタンクの存在意義自体が、完全に否定されてしまうかもしれないのです。

# 4 為替相場の大きな流れを予測する方法

２０１５年の終盤から２０１６年の初めにかけて、国内のシンクタンクのすべてが２０１６年または２０１６年度においても、「円安が継続する」という見通しを公表していました。さまざまな経済メディアを見ていても、エコノミストや機関投資家を含めた市場関係者の間では、日米の金利差拡大を根拠にして「円安が継続する」という見通しが圧倒的に多かったのです。

たとえば、大和総研は２０１５年12月時点の「日本経済予測」において、２０１６年・２０１６年度のドル円相場を１２５円（平均値）と予想していました。同じように、三菱ＵＦＪリサーチ&コンサルティングも２０１５年12月の時点で、２０１６年度のドル円相場を１２２円20銭（平均値）、日本総研も２０１６年を１２３～１２４円（平均値）という予想を立てていました。

実際のところ、私が招待された銀行主催の経済講演会でも、ある著名な外資系証券のエコノミストの話を聞く機会があったのですが、「米国の利上げにより、2016年の円相場は130円を目指すだろう」という見解を自信満々に述べられていました。

## 金利差だけでは為替の予測はできない

ところが私は当時から、円相場を予測する際に重要なのは、さまざまな要因を俯瞰したうえで総合的に判断することであると考えていました。日米の金利差拡大という要因だけで円安が続くと予想するのは、あまりに視野が狭い判断であり、歴史的な見地を軽視していると思ったのです。

拙著『経済はこう動く〔2016年版〕』（東洋経済新報社、2015年10月）や東洋経済オンライン、ブログなどでは、2016年の円相場の展望として、米国の利上げをきっかけに、いよいよ円安トレンドは終わるだろうという見通しを述べました。より具体的には、米国の利上げが始まる前後の1カ月以内に円相場の急伸が訪れて、円安トレンドの終わりが決定付けられるだろうと予測していたのです。

そのように考えた理由は、米国が２０１２年9月に量的緩和第3弾（ＱＥ３）を開始したときに、1ドル77円台という円高のクライマックスが訪れて、その後に海外の投機筋が円買いポジションを解消しはじめ、歴史的な円高が終焉していたからです。要するに、２０１５年の終盤に予測した円安トレンドの終焉は、その逆バージョンであると考えられたのです。すなわち、２０１５年12月〜２０１６年1月のどこかで、海外の投機筋が円売りポジションを解消することで、過剰な円安への反動相場がようやく始まると、予測することができたというわけです。

## 長期的なトレンドは購買力平価を参考にする

その見通しのもうひとつの根拠となっていたのは、**「購買力平価」**で見るとどうなるかという点です。「購買力平価」は、私が長期的なドル円相場のトレンドを見るうえで重視している判断基準です。ドル円相場を短期・中期的に左右するのは、日米の経常収支や金利差ですが、長期的な流れを左右するのは、何といっても購買力平価をおいてほかにはないからです。

購買力平価とは、その国の通貨でどれだけのモノを買えるかという購買力を基準にして、そのときの為替相場が高いのか安いのかを見極めるための物差しのようなものです。短期・中期の相場予測には向かないものの、長期の相場動向を予測するうえでは非常に有効な判断基準になりえます。

適正なドル円相場を考えるうえでは、米国と日本の2カ国間の企業物価の動向を比べ、通貨の相対的な価値を測るという方法が力を発揮します。消費者物価を使わないのは、その指標そのものが対外競争力とは直接関係しない非貿易財を多く含んでいるからです。だから、貿易財を多く含む企業物価をもとに試算した購買力平価のほうが、指標としては優れているというわけです。

米国では2015年12月の企業物価指数が2000年12月と比べて16・4%も上がったため、この間にドルの購買力は16・4%も下落したことになります。これに対して、日本では2015年12月の企業物価指数は0・6%ほど下落しているので、円の購買力は逆に0・6%上がったことになっています。日米の企業物価動向を反映すると、長期的なドルの価値は円に対しておよそ17%（16・4%+0・6%）下落しているはずだと考えられるわけです。

購買力平価が長期的にドル安・円高の方向に動いているのは、米国の物価上昇率が日本の物価上昇率より高い状態がずっと継続し、ドルの円に対する価値が落ち続けたことを示しています。実際のドル円相場も、数年単位で激しい動きをしながらも、結局のところ、**長期的には購買力平価のトレンドに回帰する**ことを繰り返してきました。その意味では、インフレが進む国の通貨価値は下がり、逆にデフレが進む国の通貨価値は上がるという購買力平価の考え方は、とても説得力があるといえるでしょう。

２０１５年12月に米国が利上げをする直前のドル円相場は1ドル１２１円台、同年6月には１２４円台で推移していたので、その当時では購買力平価よりもそれぞれ22％と25％程度、円安の方向に乖離していたと考えられます。ドル円相場が購買力平価の上下を数年単位で行ったり来たりしているうえに、２０００年以降に加速したグローバル経済下で、円高への乖離率が最高だったのは月平均で１０５円台（２０００年1月）の24％と77円台（２０１１年8月）の23％だったことを考えると、１２１円台や１２４円台の円安は明らかに過剰な円安水準にあったといえるでしょう。

ですから、２０１６〜２０１７年の間にドル円相場は現時点の購買力平価である97円85

## 図表 15 購買力平価と円相場

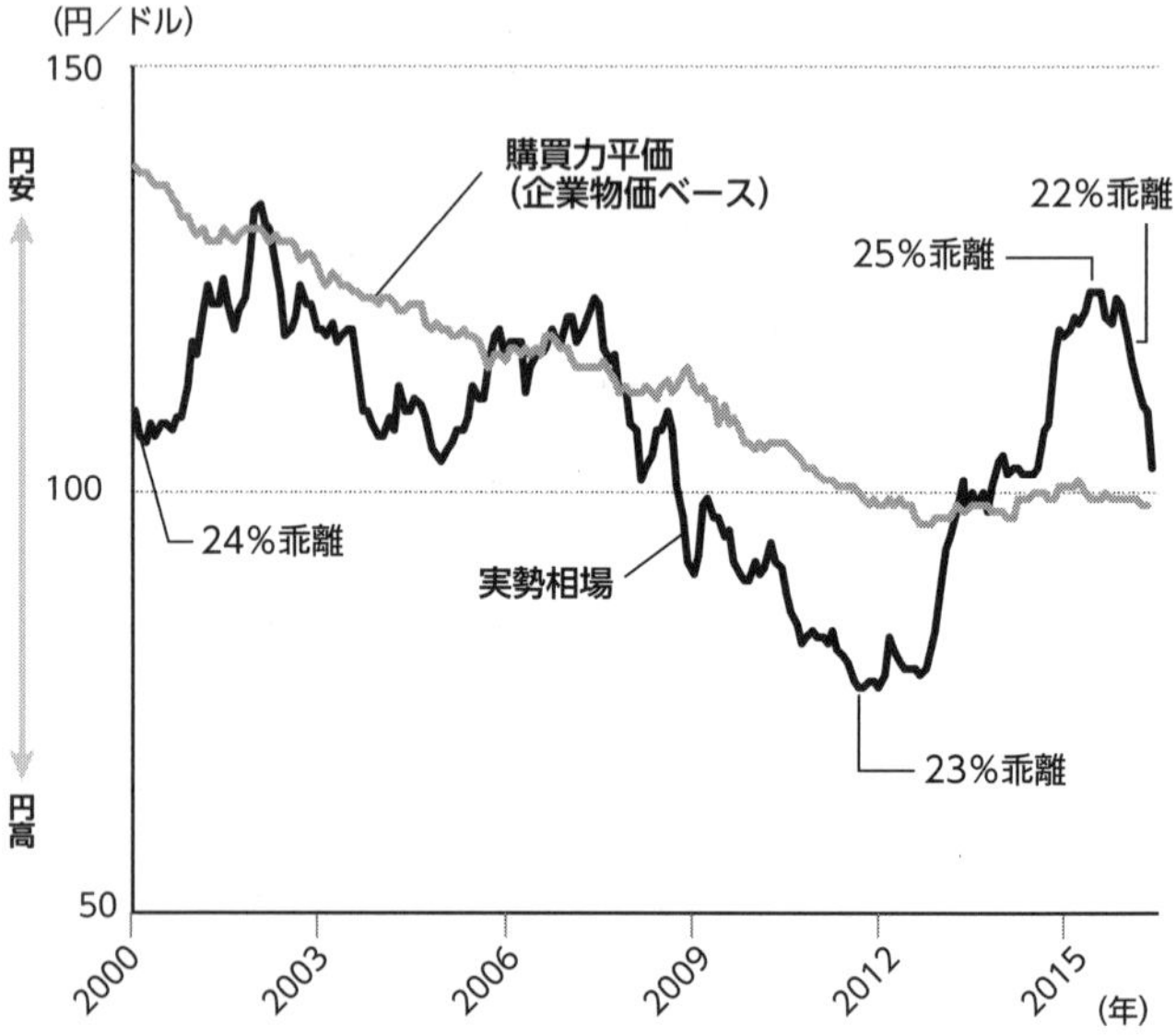


(注) データは月平均のため、日次の高値・安値は反映されていない
(資料) 国際通貨研究所

**「購買力平価から見ると**
**まだ円安といえる水準。**
**もっと円高に進む可能性大」**

銭に回帰するだろうと、あるいは95～100円程度の範囲内に戻ってくるだろうというのが、自然な流れであるといえるわけです。

## 経常収支の動向から為替を予測する

2014～2015年にかけては、短期および中期の相場予測に有効な経常収支においても、大きな変化が見られ始めました。米国の経常収支が原油輸入の減少により徐々に改善傾向を示している一方で、日本の経常収支は2014年を底にして2015年には劇的に改善してきたのです。

日本の2014年上半期（1～6月）の経常収支は0・5兆円の赤字でしたが、下半期（7～12月）には3・1兆円の黒字に転換し、2015年上半期には8・1兆円の黒字、下半期には8・3兆円の黒字と、黒字額を大幅に増加させてきました。購買力平価だけでなく経常収支の推移から見ても、当時の120円台の円安は正当化することがとてもできなかったわけです。

当時のドル円相場は、日米の金融政策の方向性が真逆になるなかで、両国の金利差が拡大するという短中期的な相場予想の要因により、非常に大きく歪んでしまっていたといえます。その歪みをつくりだした張本人は、円の売買で大儲けしようとしていた海外の投機筋です。2011年の75円台という過剰な円高も、2015年の124円台という過剰な円安も、主に海外の投機筋が演出したものだったのです。

だからこそ私は、米国の利上げを契機として、海外の投機筋が行き過ぎた円安に見切りをつけて、これまでと反対売買を行うことになるだろうと考えていたのです。その結果として、大きく歪んでしまった相場が正常化に向かう過程では、「円安トレンドが終わり、円高トレンドが始まる」と考えるのが必然だったわけです。

## 歴史の事例からも相場動向がわかる

さらには、その見通しを補完するために、市場の歴史を参考にする必要もありました。米国が1999年と2004年に利上げを開始した後、当時も日米の金利差が拡大したにもかかわらず、円安ではなく円高に振れたという事実を軽視してはいけなかったのです。いずれのケースでも、短期で見ると利上げ開始後は円安が進んでいたのですが、中長期で見ると大幅な円高に振れてしまっていたからです。

これらの歴史的な事実は、市場が米国の利上げを相応の期間をかけて織り込んでいった証左であるといえるでしょう。ＦＲＢは２０１５年12月の利上げにおいても、１年にもわたって慎重に市場へのアナウンスを行ってきたので、市場では金利差はほとんど織り込まれていたと考えるのが自然であったといえるのです。

それでは、２０１６年に入ってから進んでいる円高トレンドは、いつごろ、どのくらいの水準で終わると予想することができるのでしょうか。

私は相場の神様ではないので、さすがに円高トレンドがいつごろ終わるのかは、極めて予測するのが難しいですが、どのくらいの水準で終わるのかは、ある程度の目安を示すことができます。購買力平価とドル円相場の相関関係に基づいてみれば、２０１６～２０１８年の３年のスパンのなかで、現時点の購買力平価97円85銭から少なくとも円高方向に10％程度乖離する**88円あたりがひとつの目安になる**のではないかと考えています。

# 5 経営者は為替くらい読めなければならない

大企業の会長・社長の方々は口々に「円相場の先行きなんて予想できるわけがない」「原油価格がどう動くかなど予想できるわけがない」といいますが、そういった意識を持っているからこそ、経営や投資に失敗するのは当然だといえるでしょう。

これからの経営者に期待するのは、経済の予測はもちろん、**円相場の予測にもできるかぎりの努力をしてほしい**ということです。経営戦略や投資の決定にとって、為替を予測するのは、非常に重要な要素になるからです。ことに輸出企業の業績は、為替の動向に大きく左右されることになるので、為替の見通しを見誤ってしまうと、業績の大幅な下方修正を迫られる可能性が高まってしまいます。

## 為替の先行きを見誤ると大ダメージを受ける

２０１６年に入ってからの急激な円高の進行は、輸出で稼いできた企業の業績に大きな影を落とすことは間違いありません。現に、日本の自動車メーカーは相次いで、２０１６年度（２０１６年4月〜２０１７年3月）の業績見通しを大幅に下方修正しています。

その代表格となるトヨタ自動車は、２０１６年度の営業利益が1兆７０００億円と前年度比40％減（前年度は2兆８５３９億円）、純利益が1兆５０００億円と前年度比35％減（前年度は2兆３１２６億円）と大幅に下方修正しています。自動車の販売台数は増加を見込んでいるものの、円相場の急激な変動により収益計画の前提が一変したためです。

最大の収益押し下げの要因となったのは、ドルやユーロなど主要通貨に対して円高が進んだということです。２０１６年度の収益計画の元となる想定為替レートは、１ドル１０５円、１ユーロ１２０円（前年度の実績為替レートは1ドル１２０円、１ユーロ１３３円）とかなりの円高方向に設定せざるをえず、為替の変動要因だけで営業減益が９３５０億円（減益額の8割）にものぼるということなのです。

トヨタ自動車の首脳が社内に収益計画の見直しを命じたのは、２０１６年に入って円高の進行が鮮明になった後であり、大企業のなかではいつも対応が早いほうのトヨタ自動車であっても、やはり為替への対応が遅すぎるように感じられました。事前に円相場のトレンド転換が近づいていることを予測できていれば、収益計画の見直しでドタバタすることはなかっただろうし、経営方針や経営資源をもっと効率化できていたはずだからです。

## 自らが予測できないと対応が遅れてしまう

円相場の転換点を事前に予測できなかったのは、大企業の多くがいつもと同じように、国際機関やシンクタンク、金融機関などの予想を鵜呑みにしてしまったからです。挙句の果てに、業績の見通しを下方修正せざるをえなかったばかりか、円高への対応が著しく遅れてしまったのです。

円高への対応が遅れてしまった一例としては、２０１６年の3月になってもなお、大企業のほとんどが稼いだドルやユーロを円に換えていなかったという事例があります。なぜそのような失敗が起こったのかというと、シンクタンクや金融機関がそろって「２０１６

年も円安の傾向が続くだろう」と予想していたからです。そのような予想を信じた企業は、稼いだ外貨を売って円を買うのを先延ばしにすれば、もっと為替差益が得られるだろうと判断してしまったわけなのです。

さらに悪いことに、2016年に入って円高が進む過程の1月や2月においても、シンクタンクや金融機関の多くが「円高は一時的であり、やがて円安に戻るだろう」という見通しを示したことで、またしてもその予想を拠りどころにして、いっそう対応が遅れてしまった企業が多かったのです。

ようやく3月を過ぎてからシンクタンクや金融機関のなかにも、円高トレンドが確実になったという認識が浸透することで、企業のほうも遅きに失したものの、円買いを進めるようになりました。企業にとっては3か月間の判断の遅れが、相応の利益の減少を招く結果となってしまったのです。

## 株価予測に比べれば為替予測はカンタン

私のこれまでの経験では、経済の予測のほうが市場の予測よりもかなり精度が高いことがわかっています。経済の大きな流れを外すことはほとんどなかったと思いますし、大きく外すという要素も市場の予測に比べれば、はるかに少ないという事実があるからです。

逆の見方をすれば、市場の予測のほうが経済の予測よりはるかに難しいし、市場の予測がぴったりと当たることは稀であるといえます。しかしながら、そんな難しい市場の予測のなかでも、為替市場や原油市場のほうが株式市場よりも、トレンドの変化を前もって読むことが可能なのです。

為替市場や原油市場というのは、株式市場に比べれば経済の大きな流れに近いところにあるので、大まかな需給のバランスをつかむのは決して困難なことではありません。世界中をざっくりと見渡してみるだけでも、供給と需要がそれぞれどのくらいあるのか、客観的に分析することができます。

円相場にしても原油価格にしても、海外の投機筋の売買にかき乱されることがありますが、**彼らの考え方が理解できていれば、かえって相場の動向を予測するのが容易になる**ことがあります。だから、海外の投機筋の動向に対して怖れる必要はまったくありません。相場の潮目が変わるポイントやその後の方向性だけは、私たちでも十分に読むことができるのです。

図表 16　予測の難易度

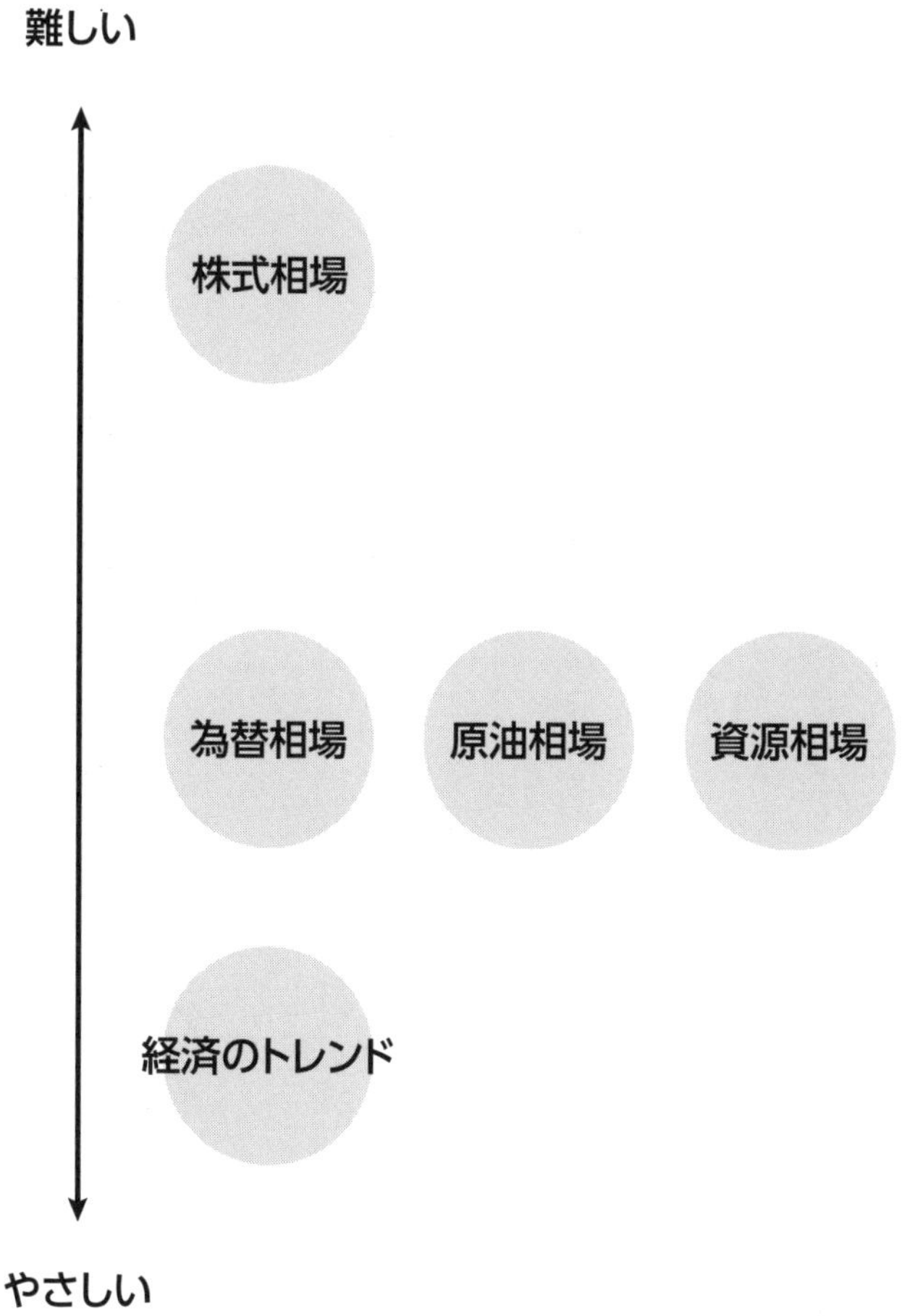

# 6 金融機関の予測を鵜呑みにしないためには、何をなすべきか

先の「経営者は為替くらい読めなければならない」では、日本企業の多くがシンクタンクや金融機関の円相場の予想を鵜呑みにしたために、経営上の失敗をしてしまったという事例について述べました。それに対してこの項目では、シンクタンクや金融機関の予想に惑わされなかった典型例を、私自身の経験談から述べたいと思います。

## 円安のトレンド転換に乗ったドル投資

私がドルに集中投資を始めたのは２０１２年12月のことになります。４年くらい前からの拙著をご覧になっている方はご存じのことと思いますが、私の当時の考えは「米国によ

る量的緩和第3弾（ＱＥ３）の開始によって、歴史的な円高トレンドが終焉する可能性が高い」というものでした。

そのような状況下にあって、２０１２年12月に行われた衆議院選挙の公約として、自民党、日本維新の会、みんなの党など主要な政党が日銀に対して大規模な金融緩和を求めているのを見て、２０１３年には円安トレンドへの劇的な転換が始まるだろうと実感したのです。

そのときは一切の迷いがなく、大胆なドル買いが実行できました。衆議院選挙のあとに安倍政権が誕生し、２０１３年4月に日銀が大規模な金融緩和を行うことによって本格的な円安トレンドがスタートしたわけですが、当時の私はターゲット・プライス（目標値）というものを考えることはありませんでした。「できるだけ長く、このトレンドに乗っていこう」と思っていたのと同時に、「トレンドの転換点はどういったタイミングでやってくるのか」ということだけを合理的かつ論理的に考えていこうとしたのです。

その後、２０１４年10月に日銀が追加緩和をしたあとのドル円相場の推移を見守りながら、米国の利上げが円安トレンド転換のタイミングになるだろうと考えるようになりました。そのように考える根拠については、この章において先ほど述べたとおりですが、私は

２０１５年12月の連邦公開市場委員会（ＦＯＭＣ）前にドルをすべて１２３円台で売却することができました。

## まったく無責任な金融機関のアドバイスを聞いてはいけない

しかしそれまでに、少なくとも3回はある外資系銀行の余計なアドバイスが雑音として入ってきました。私の記憶が正しければ、１００円に達しようとする局面と１１０円台に乗せた局面で、「当行の予想では、今後は円高に振れます」といったアドバイスを受け、ドルを売却するように勧められたのです。さらには、２０１５年12月にドルをすべて売却しようとしたときには、「当行の予想では、今後も円安が進みますが、本当に売却されるのですか」と2回も念押しされました。

そこで思ったのは、円相場の大きな流れを冷静にとらえていて、なおかつ、その流れに沿った明確な戦略を持っていないかぎりは、大多数の投資家が金融機関のアドバイスに従ってしまうのではないかということです。

たしかに、結果的には自分の考えより金融機関の予想のほうが正しいというケースもあるかもしれません。その金融機関の場合も、たまたま3回すべての予想が外れただけなのかもしれません。しかしそうはいっても、その金融機関の予想は、どのケースでも論理的な裏付けに乏しく、腑に落ちない曖昧な予想にすぎなかったのです。

そういった意味でも、私たちは物事の本質や過去の歴史に照らし合わせながら、流動的な経済や市場の予測を試み、予測が当たらなかったときは反省点を検証するといった試行錯誤を繰り返していく必要があります。そのうえで、移り変わりが激しい今の世の中で、何が有用な情報であり、何が役に立たない情報であるのか、常日頃から検証していく姿勢も求められているのです。

## 必要最低限の資料があれば予測は難しくない

長く生き残っている個人投資家ほど、金融機関やシンクタンクの予想を鵜呑みにしてはいけないということを実感していることと思います。現状を追認する予想が圧倒的に多いため、トレンドが転換したあと、金融機関やシンクタンクの予想は見事に全滅するという歴史を見てきているからです。

過去20年の相場の歴史では、世界的なＩＴバブルの崩壊、米国の住宅バブルの崩壊、世界的な金融危機、欧州の債務危機、資源バブルの崩壊、そして２０１６年の円高トレンドへの転換など、金融機関やシンクタンクが事前に予測をできた事例は、何ひとつありませんでした。さらに残念なことには、彼らはなぜ予測が外れたのかをいつも検証せずに、後付けの講釈をしてごまかしてしまうケースが実に多いと思います。

私はシンクタンクや金融機関のように、どんな資料やデータでも集められる立場にはありません。それでも、必要最低限の資料やデータがあれば、経済の予測は難しくないと考えていますし、実際に市場の予測でもある程度の実績を上げてきたと思っています。それは、予測の結果とその検証を繰り返しながら、自分のあたまで考え続けてきた成果であるといえるでしょう。

# 7 経営者にはどういった経済予測が求められているのか

企業経営者の多くは、経済の流れや為替の動向など読めるはずがないと思い込んでいます。しかしその一方で彼らは、国際機関やシンクタンクなどの予測もあてにならないものであると重々承知しているのです。

それではなぜ、経営や投資の判断を誤りに導くような国際機関やシンクタンクの予測を、経営者の多くがあてにせざるをえないのでしょうか。

その答えは、国際機関やシンクタンクの予測をもとに事業を進めれば、たとえ経済や市場の環境が激変することで経営や投資に失敗したとしても、誰からも責任を問われることがないからです。「ＩＭＦの見通しが間違っていたから、経営の失敗は仕方のないことだった」「シンクタンクの予測を信じたのだから、投資の失敗はやむをえなかった」といった責任転嫁をすれば、企業経営の現場ではすべてが許されてしまうというわけです。

詰まるところ、経済や市場の予測を国際機関やシンクタンクなどに依存しているかぎり、環境の変化により事業に失敗しても、経営者は責任を追及されないという無責任な企業体質がはびこっています。このような体質は、世界の企業に共通する問題でもありますが、とりわけ日本企業の場合はその傾向が強いといえるでしょう。それは第1章でも述べたように、日本企業では同じ組織内での批判を極力避けたいという思いが強いからです。

## ＩＭＦに責任転嫁する日銀総裁

先ほど、日銀の金融政策や経済予測が信用できないのは、黒田総裁がＩＭＦの予測が正しいという前提に立って金融政策を考えていることが原因であると述べました。黒田総裁はこれまで何度も、２０１５年以降の金融政策がうまくいっていないのは、実際の経済環境（原油相場など）がＩＭＦの予測と違っていたから「想定外だった」という弁解を繰り返しています。そういった姿勢を目にしていると、第三者がどう思うかは別にして、黒田総裁はＩＭＦの予測に責任転嫁をしようと必死になっていることがわかります。

ここで日銀の黒田総裁の話を唐突に持ち出したのは、日銀を中央銀行ではなくひとつの企業としてみなせば、黒田総裁はその企業の社長ということになるからです。その社長が2015年以降の経営がまったくうまくいっていないのは、実際の経済環境がＩＭＦの予測と違っていたからだというのです。みなさんがイメージしやすいように、たとえとして日銀の黒田総裁の実例を用いましたが、企業経営の現場でもそういったひどい実例は数えるときりがありません。

## 無責任体質から脱却しなければ失敗を繰り返すだけ

物事には、原因と結果があります。もし予測した結果が外れたのであれば、その原因が何であったのかを考え、それを次の予測に生かそうとする姿勢が大切です。そのような試行錯誤を繰り返すことによって、経済や市場における予測の精度が徐々に上がってくるのです。

しかしながら、国際機関やシンクタンクなどでは今も昔も、そのような検証作業を真摯に行ってきた形跡がありません。だから、歴史の過ちは繰り返すといわれるように、いつまでたっても教訓として生かせずに、予測の失敗を繰り返してしまうのでしょう。

今こそ企業の経営者は、経営や投資を決定するときに、経済環境の見通しを外部の専門家任せにするのをやめなければなりません。それと同時に、外部の専門家に責任転嫁するような無責任体質からの脱却も図らなければなりません。そのうえで、自らが経済や市場の流れについて考える習慣を身に付けること、試行錯誤を繰り返すことでさまざまな教訓を学ぶことが大切なのです。

## 予測の際に考慮すべきこととは?

それでは今の経営者にとって、どのような経済予測が求められているのでしょうか。

私は何よりも、**経済のトレンドの継続性を予測および検証していくと同時に、経済のトレンドの転換点をしっかりと見極める**ことが、いちばん求められているように思います。なぜならば、現状の経済トレンドがいつまで続くのか、経済トレンドの転換点がいつになるのか、この2つが予測できるだけでも、企業は経営や投資をより効率化させることができるからです。

これらの2つの重要な予測をするうえで第一に考慮すべきは、世界全体や各国での**「モノの需要と供給のバランス」**になります。代表的なモノとして私の念頭にあるのは、自動車、住宅、原油、天然ガス、鉄鋼、エチレンなどです。実をいうと、これらの需要と供給を注意深く見ていけば、経済の大きな流れを予測するのはさほど難しいことではないのです。

そして、予測をするうえで第二、第三に考慮すべきは、各国の家計・企業の債務がどのように推移しているのか、世界全体で実体経済と金融経済のバランスに偏りが出ていないのか、といったことになります。そのほかにも、さまざまな視点から、さまざまな経済事象を見ることによって、経済トレンドの予測の正確性は着実に高まっていくものです。

とりわけ需要と供給のバランスを分析するときには、技術革新の進捗程度を思量するという視点を決して忘れてはいけません。先にも述べたように、$y = 100 + ax$（$y = 1 + ax$）のような直線的な発想を捨て、$y = 100 + ax^2$（$y = 1 + ax^2$）のような曲線的な考えに変える必要があるのです。この新しい考え方によって、今までとは見方が異なり、経済トレンドの転換点がいっそう見極められるようになるわけです。

グローバル経済下ではかつてより経済のサイクルが短くなっているので、経済トレンドの転換点を見極めるほうが、経済トレンドの継続性を確認するよりも重要性が高まっているといえます。何の備えもないなかで経済トレンドが転換したあとに、企業が大きな失敗に直面するケースが非常に多いからです。

なお、経済トレンド転換の見極めについては、**1〜2年のズレは十分に許容できる範囲内**であると思われます（ただし、為替相場のトレンド転換の見極めの場合は、1年もズレがあったら遅すぎるという結果になりかねません）。経済の大きな流れが見えているケースでは、そのくらいの誤差であれば、企業は手堅い経営をして失敗を回避することができますし、まわりの企業が苦境にあるときに、積極的な攻めの経営もできるようになるからです。

第3章

# 経済学に振り回されないようになる

# 1 経済を予測するうえで、経済学は信用できる学問なのか

経済学はいくつかの「大前提」の上に成り立っています。しかし実のところ、その大前提には非現実的、非科学的なものがあり、経済学が大きな欠陥を抱えていることが露呈しています。

経済学では「人は合理的な選択ができる」ということを大前提にしています。ところが、この大前提を証明できた人は、これまで誰一人としていません。「本当にそうなのかは証明できないが、とにかくそうなのだ」という非常に曖昧な前提からスタートし、そこから長い年月をかけてさまざまな理論が構築されてきたのが経済学なのです。

## 経済学は数百年前の物差しでものを見ている

しかし、少しでも冷静に考えればわかるとおり、「人は合理的な選択ができる」というのは、現代のような経済状況ではもはや成り立ちようがありません。

たとえば、AとBの2種類の財があったとしましょう。この場合、与えられる選択肢は「Aを買う」「Bを買う」「両方買う」「両方買わない」の4パターンです。財が3種類に増えると8パターン、4種類なら16パターンと、財が増えるほど選択肢も乗数的に増えていきます。財が10種類では選択肢は１０２４パターンにも急増し、１００種類だと兆という単位でも収まりきらなくなります。

実際のところ、百貨店やスーパーに行って合理的な選択をしようとすれば、その買い物だけで一生分の時間を費やさなければなりません。つまり、財の数や種類が膨大になってしまった現代では、選択肢の数があまりに多く、合理的な選択などできるはずがないのです。石器時代に盾と斧の交換をするのとは、まったく次元が異なる話です。

それでも経済学では、人は自分にとって最適なものを瞬間的に選べるという大前提を依然として掲げています。**「時間の概念」をまったく無視している**という最大の欠陥は、もはや修正のしようがないようです。数百年かけて経済の規模が拡大の一途を辿り、経済構造自体も極めて複雑になってきているというのに、経済学は時代に取り残されたまま、未だに「数百年前の物差し」で経済の現場を見ているのです。

## 経済学の基礎、需要曲線と供給曲線も現実的ではない

さらに、「人は合理的な選択ができる」という考えから構築された、もうひとつのおかしな大前提についても述べておきたいと思います。それは、経済学の基本中の基本である「需要曲線」と「供給曲線」についての理論です。この理論では、縦軸に価格、横軸に数量を取ったグラフ上に、右肩下がりの需要曲線と右肩上がりの供給曲線が描かれ、それら2つの曲線が交わる点で、需要と供給が均衡するとしています。

しかしながら、この理論で説明されているようなことは、現実の世界では決して起こりえない現象です。なぜなら、「人は合理的な選択ができる」という経済学の大前提と同じように、この理論のなかにも「時間の概念」が入っていないからです。需要と供給が瞬間

## 図表 17 需要・供給曲線

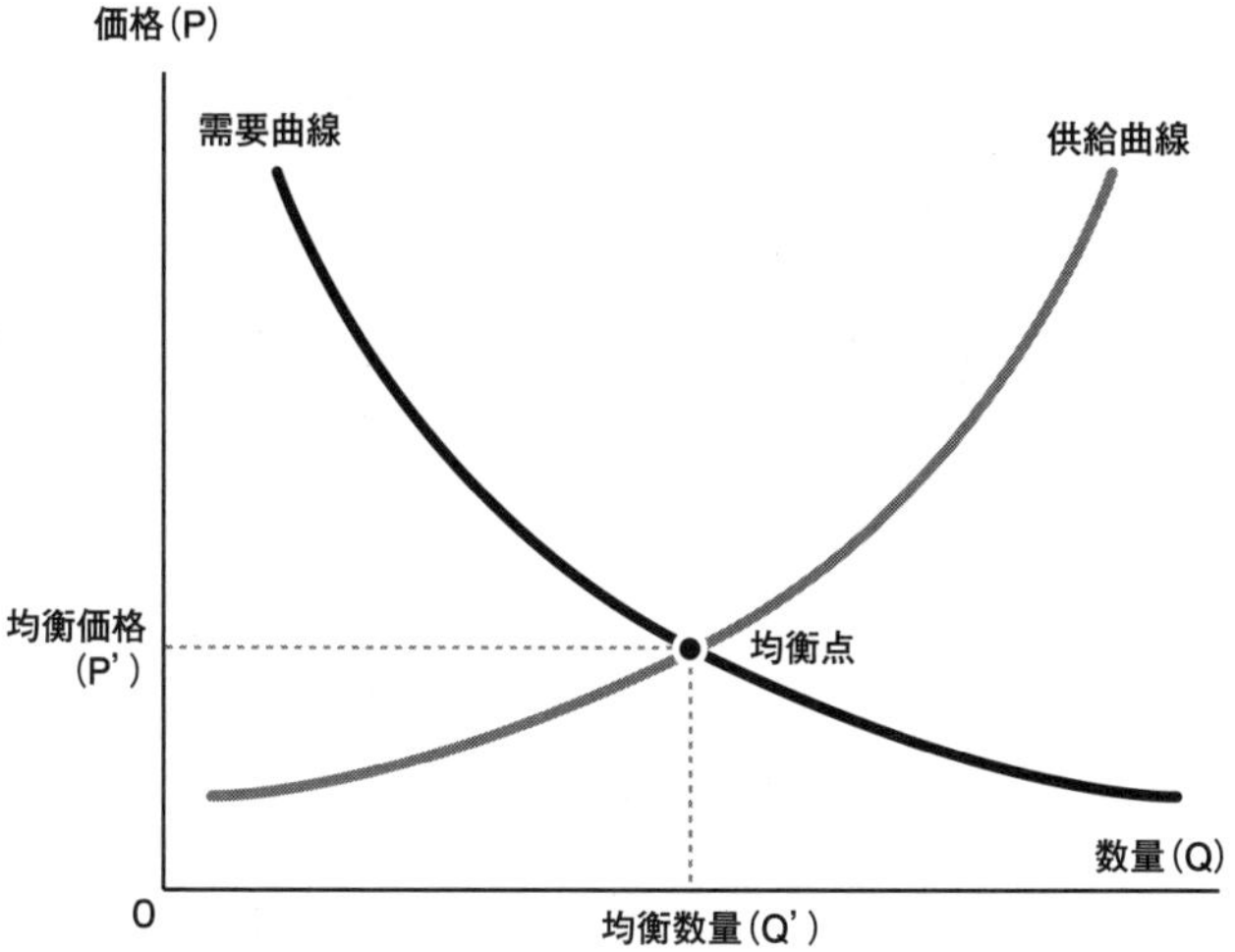


「価格と数量が瞬時に決まることは
現実的にありえない」

的に一致して、モノの価格と取引数量が決まるなどという話は、現代では「アラジンと魔法のランプ」のようなおとぎ話にしかなりません。

経済というのは絶えずダイナミックに動くものであり、その動きを説明するためには、必ずフローとなる時間の概念が必要になります。ところが、平面的なグラフでは時間を表現する術がないので、従来の均衡価格や均衡数量という考え方そのものが破綻してしまっているのです。

このように見てみると、経済学では土台となる大前提が大きな欠陥を抱えているといっても、決していいすぎではないでしょう。結局のところ、経済学は現実の経済とは大きく乖離している机上の学問にすぎないのです。経済にかぎらず、物事を見るときには、それが本質的か、それが合理的かを見極めることが極めて重要なのですが、経済学そのものがそういった視点を根本から持ち合わせていないというわけなのです。

# 2 経済を予測するうえで、経済学は本当に役に立つのか

突拍子もないように思われるかもしれませんが、欧米発祥の経済学にはプロテスタント（キリスト教の新教）の宗教観や道徳観が入っているといったら、みなさんは信じてくれるでしょうか。

経済学の祖とされているのは、『国富論』を著したイギリスの哲学者であるアダム・スミスです。彼はプロテスタント（新教）の敬虔な信者にして、勤勉な道徳研究家でもありました。プロテスタントはカトリック（旧教）とは異なり、人間を徹底的に無力化するという宗教です。「人間は神の前では無力だ」「神に導かれるまま、人間は生きていくしかない」というのが、プロテスタントの基本的な考え方なのです。

経済学が宗教的なものと相通ずる部分を持っているのは、そのあたりに背景があるので

はないかと私は考えています。

たとえば、アダム・スミスが『国富論』のなかで書いた有名な「神の見えざる手」という言葉は、たとえ各個人が利己的に行動したとしても、社会全体に利益がもたらされるような調整機能が働くということを意味しています。しかし私はさらに解釈を深めて、「神の見えざる手」という言葉には、「人間は神の前では無力だ」というプロテスタントの精神が反映されていると考えているのです。

また、アダム・スミスが著した処女作は、『道徳感情論』という道徳研究の書でした。その内容は、人間の交際により生じる感情を取り上げ、道徳感や判断力を論じるという哲学的なものとなっています。そういった意味では、欧米の経済学にはプロテスタントの道徳的な要素が入っているとも考えられるわけです。

## 宗教観や道徳観が反映された経済学は、合理的な学問ではない

アダム・スミスが経済学の祖であるとすれば、現代の経済学にプロテスタントの宗教観や道徳観が入っているのは、なんら不思議なことではないでしょう。

その象徴的な出来事として思い起こされるのが、ジョージ・ブッシュ元大統領が大統領在任中に、経済学者ミルトン・フリードマンを賞賛したときのスピーチです。「ミルトン・フリードマン先生は、道徳的なビジョンを推し進めることに大変に力を尽くされた」という褒め方をしたのです。私はそのとき、米国人にとっては「道徳と経済は一体のもの」として理解されていることをとらえることができたのです。

物理学や化学などの自然科学の分野には、明らかな法則や答えがあり、その法則を曲げるような事象はまったくありません。ところが、経済学などの社会科学や人文科学の分野では、たとえ「〇〇の法則」「〇〇の理論」という言い方をしていても、100パーセント正しいという法則や答えがひとつもないのです。いろいろな主張や見解があり、どれが正しいのかわからないという堂々巡りの議論がなされています。

そもそも経済学に宗教観や道徳観が反映されているのなら、その学問が合理的であるとはいえませんし、正しい答えが導かれるはずもありません。だからこそ、正しい答えのない経済学では、ミルトン・フリードマンやポール・クルーグマンなどノーベル経済学賞を受賞した学者が権威を持ち、学界で大きな力を発揮するようになります。権威ある学者が唱えた理論が盲目的に信じられてしまい、たとえそれが間違っていたとしても、そのまま受け継がれていってしまうのです。

## 古い体質のまま変われない経済学

現実の経済は、経済学の理論どおりにはなかなか動いてくれないものです。なぜなら、経済は主にビジネスの現場で動いているのであり、ビジネスのルールの前提が変われば、当然のことながら、経済の中身も大きく変わっていくからです。

経済は生き物のように、刻一刻と変化しています。時間や時代の流れとともに、企業の経営も確実に変化してきています。だから、企業がこれから経営戦略を立てるときに、10年前や20年前に考えた戦略をそのまま採用することはありえません。時代の流れに取り残された古い戦略では、最初から通用するはずがないとわかっているからです。

そのように考えると、**経済学も時代に適応して変わっていくべき**なのですが、経済学の中心にある欧米の主流派経済学では、なぜか未だに古臭い理論が宗教の教典のように支持されています。ポール・クルーグマンが提唱する「インフレ期待」などは、まさにその典型例ともいえる理論となっています。

国際機関やシンクタンクなどのエコノミストには、古い体質から逃れられない経済学を忠実に学んできた人が多いのは間違いありません。その意味では、彼らが経済予測を外してしまうのは仕方がないことだといえるでしょう。そのような状況を脱するためには、経済学の世界が権威に迎合する体質から抜け出し、新しい見解や解釈を貪欲に取り入れて変わっていく必要があるのです。

# 3 経済を見るときに、どういった能力が必要なのか

なぜ、経済学を真面目に学んできた人々が、経済市場の予測をことごとく外してしまうのでしょうか。私が若いころにそう考えて行き着いた答えは、非常にシンプルなものでした。それは、**経済学しか真面目に学んでこなかったからこそ、予測を外してしまう**というものです。

1つだけの学問を専門的に学んでいると、ある深刻な弊害が起こるようになります。それは、その学問の知識や理論でしか物事を考えることができなくなるということです。たとえば、経済学を専門に学んだエコノミストは、経済学の分野でしか経済や市場の予測をすることができません。当然ながら、現実の経済が合理的というよりは、むしろ不合理に動くことが多く、市場が金融工学の数式のように動くとは限らないことを、彼らは思

い知らされます。

それでも、自分の無力さを思い知らされた段階で、経済学の知識だけでは正確な予測ができないことを悟り、新しい方法を試行錯誤するエコノミストには、まだ十分な成長の余地があると思われます。けれどもエコノミストの大多数は、そのまま経済学の知識や理論に固執することで、次々と予測を外し続けていくのです。やはり、経済学という専門性への依存症からは、なかなか抜け出すことができないようです。

## さまざまな分野を横断的に学んだほうがいい

私の経済予測が当たるといわれるのは、現実の経済を見るときに、経済学の知識にあまり依存することなく、歴史学や哲学の考え方を中心に、心理学、物理学、化学など多分野の学問の助けを借りて、予測を試みているからだと確信しています。私と同じような手法を用いて予測をしている専門家は、おそらく他には一人もいないのではないでしょうか。

経済を考えるうえで大切なのは、物事の本質は何かを教えてくれる哲学的な考え方であり、人間の失敗の繰り返しを教訓として学ぶ歴史的な考え方です。さらには、経済に影響を与えうる人間の行動を考察した心理学であり、原因と結果の関係性を教えてくれる物理学や化学であったりします。

そういった意味では、大学のカリキュラムには一般教養課程と専門課程がありますが、私は**一般教養課程のほうがずっと大事**であると考えています。なぜなら、一般教養課程でいろいろな学問を学ぶことによって、物事を広い視野でとらえる力を養うことができるからです。一般教養課程をおろそかにし、専門課程だけを一生懸命に学んでいては、どうしても視野が狭くなりますし、専門バカになってしまうことが十分にありえるのです。

多くの大学生には、一般教養課程は適当にやっていればよいという考えが昔から根付いてしまっていますが、これはとても不幸なことだと思います。なぜなら、自分の可能性を広げるまたとない機会、すなわち、全体を俯瞰する能力や大局を判断する能力を養う絶好の機会を、わざわざ自分から放棄してしまっているからです。

それぞれの学問の分野だけに閉じこもっていると見えない本質的なものが、それぞれの学問の考え方を横断的に学ぶことによって見えてくるようになります。それは、無意識のうちにいくつもの点と点が一本の線につながり、いろいろな本質的なものが新たに見えてくるイメージです。このときの感覚は幾度も経験した者でないとわかりませんが、予測する内容がごく短い時間のうちにあたまのなかに降りてくるのです。

## 経済予測には「大局観」が必要

将棋ではよく**「大局観」**という言葉を使いますが、経済予測に必要な全体を俯瞰する能力は、この「大局観」に似ているように思います。「大局観」とは、正確な形勢判断を行う能力のことをいいます。将棋の対局では、局所的な形勢の有利不利にとらわれずに、全体の形勢の有利不利を見極めて、攻めに出るのか、守りに入るのかなどの判断を行う能力が必要とされます。

上級の対局になればなるほど、将棋盤の局所しか見ていない指し手では、とても勝負に勝つことはできません。81マスの将棋盤全体を俯瞰する能力、つまり戦局の大きな流れを読む能力が備わって初めて、勝負に勝つことが可能になるのです。

経済予測もこれと同じであり、経済や市場の一部分しか見えていない人の予測は、ほとんどのケースで当たらないようになっています。たまに当たったとしても、それは偶然でしかなく、決して本人の実力ではありません。やはり、正確な予測をするためには、経済全体を俯瞰する能力、経済の流れをつかむ能力がどうしても必要不可欠となるのです。

全体を俯瞰する能力を身につけることによって、経済や市場がどのような構造で動いているのか、時代の変化によってその構造にいつ変化が起きうるのか、歴史的な検証も含めるとどのような展開が予測できるのか、それに人間心理がどの程度影響してくるのかなど、さまざまな分析や予測が同じ枠組みのなかで1分も経たないうちにできるようになります。

# 4 経済を見るときに、景気と物価を関連付けてはいけない

現実の経済は、経済学の教科書通りには動いてくれません。経済学という狭い知識のなかだけでは、経済の大きな流れをとらえることはできないのです。「経済学」を学ぶのと「現実の経済」を学ぶのとでは、昨今のグローバル経済のもとではまったく違う意味を持っているのです。

経済学の間違った常識を実践している身近な例としては、今まさにわが国で行われているアベノミクスという経済政策があります。みなさんもご存じのとおり、アベノミクスは「デフレを脱却する」という目標を掲げて行われています。

ところが私は、そもそも「デフレを脱却する必要はないし、インフレを目指す必要もない」と考えています。なぜなら、インフレであるかデフレであるかは、歴史的に見て経済

の好不況とはまったく関係がないからです。私がそういった考え方をできるのは、大学生のときに経済学ではなく歴史学を学んできた結果だろうと思います。

世界経済の歴史を検証すると、デフレ期では好況になっていることのほうが圧倒的に多く、デフレと不況に関係性が認められないという事実が明らかになっています。経済学の常識である「デフレ＝不況」という学説は横に置いておくと、歴史的な事実としてそうなっているのです。

## なぜ「デフレ＝不況」が常識になってしまったのか

これについては私だけでなく、ミネアポリス連邦準備銀行のアンドリュー・アトキンソンとパトリック・J・キホーの2人のエコノミストが2004年1月に発表した論文「デフレと不況は実証的に関連するのか？」のなかでも明らかにしています。

まずは、1929年から1934年までの世界大恐慌時の、主要16カ国のインフレ率と実質経済成長率を座標上に示した図表18を見てください。

この図からわかるのは、世界大恐慌時に16カ国すべてがデフレになったものの、そのう

**図表 18　16カ国の実質経済成長率と平均インフレ率(1929~34年)**

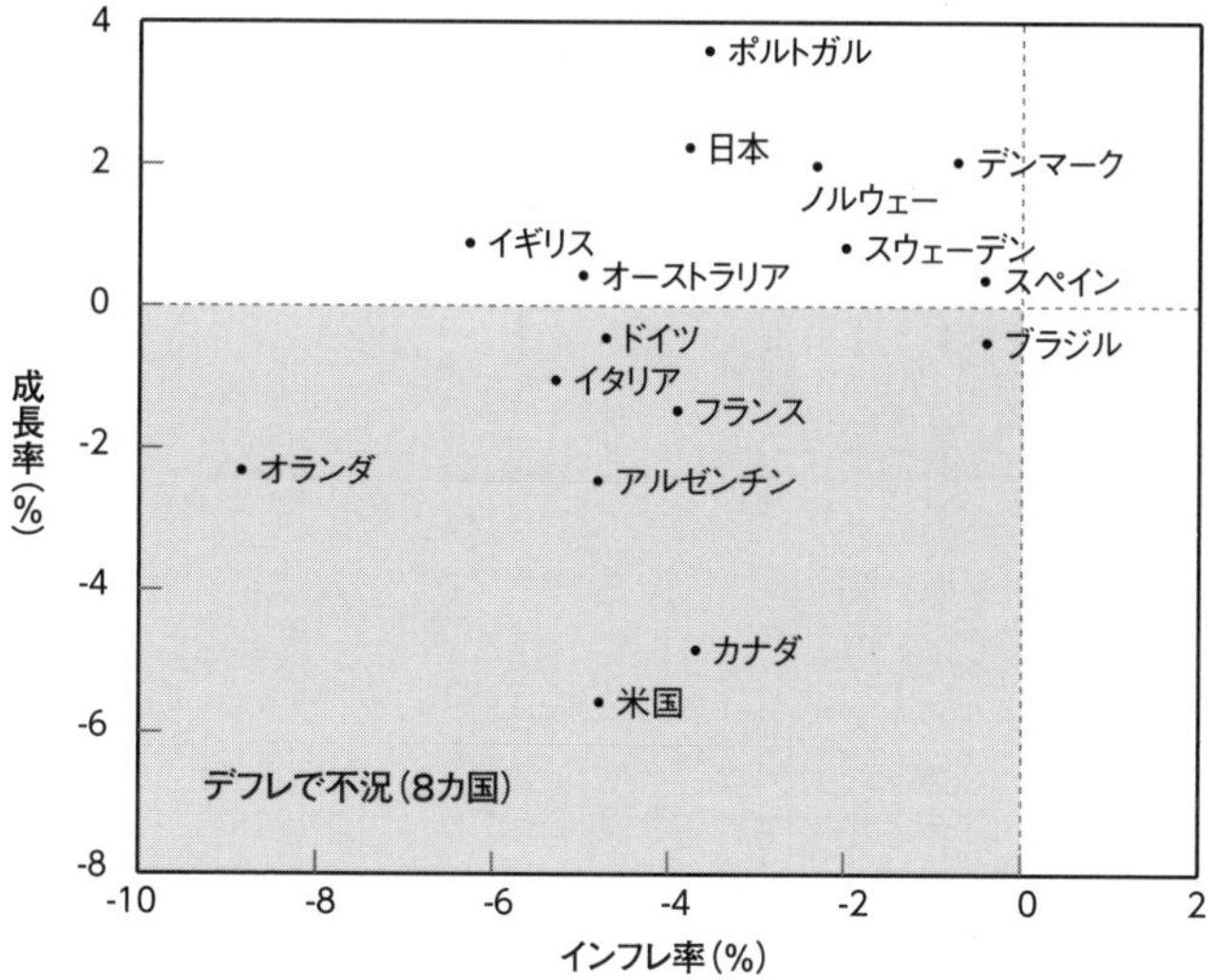


(資料)Atkeson, Andrew and Kehoe, Patrick J. (2004).“Deflation and Depression: Is There an Empirical Link?,”*American Economic Review*.

「16カ国すべてがデフレだが、
不況なのは8カ国。
残り8カ国は不況ではなかった」

ち8カ国が「デフレ」と「不況」を同時に経験し、残りの8カ国はデフレだけを経験したということです。そして特筆すべきは、16カ国中で経済成長率がもっとも悪かったのが米国だったということです。

アトキンソンとキホーによれば、この図だけからでは「デフレ」と「不況」の関連性があるかどうかは判断できないといいますが、私もまったくそのとおりだと考えています。ところが不幸なことに、そのずっと以前に、恐慌の研究で有名なベン・バーナンキは米国の大恐慌の時期だけを見て、「デフレ＝不況」という安易な結論を導いてしまいました。当時の米国経済がもっとも悪かったことが、稚拙な研究結果に結びついてしまったのかもしれません。

さらに困ったことに、権威あるバーナンキの研究が正しいのか検証した経済学者はごく少数で、むしろバーナンキに倣って間違った研究をさらに推し進めようとする学者が数多く出てきてしまったのです。挙句の果てに、今では「デフレ＝不況」が経済学的な常識になってしまったというわけです。

## 「デフレ」と「不況」はまったく関係がない

これに対して、アトキンソンとキホーは、世界大恐慌の時期を除いた1820〜2000年の非常に長い期間についても、主要17カ国の各5年間平均のインフレ率と実質経済成長率を割り出し、図表19のように座標上に示しました。経済の歴史をしっかりと検証することによって、「デフレ」と「不況」に関係性があるのか明らかになるかもしれないと考えたからでした。

新たにわかったのは、デフレの事例は73例あったにもかかわらず、「デフレ」と「不況」を同時に経験したのはわずか8例しかなかったということです。むしろ「デフレ」と「好況」を同時に経験した事例が65例もあり、デフレの事例全体の89％では好況であったのです。

その一方で、インフレの事例は522例と圧倒的に多く、そのうち501例が好況であり、21例が不況でした。インフレの事例の96％が好況にあったのです。たしかに、インフレ時のほうがデフレ時よりも好況の割合は7％高いのですが、それでもインフレとデフレ

## 図表 19　デフレと不況の関係

世界恐慌を除いた期間で、
17カ国の成長率とインフレ率を5年間ごとに集計し、
それぞれの関係をプロットしたもの

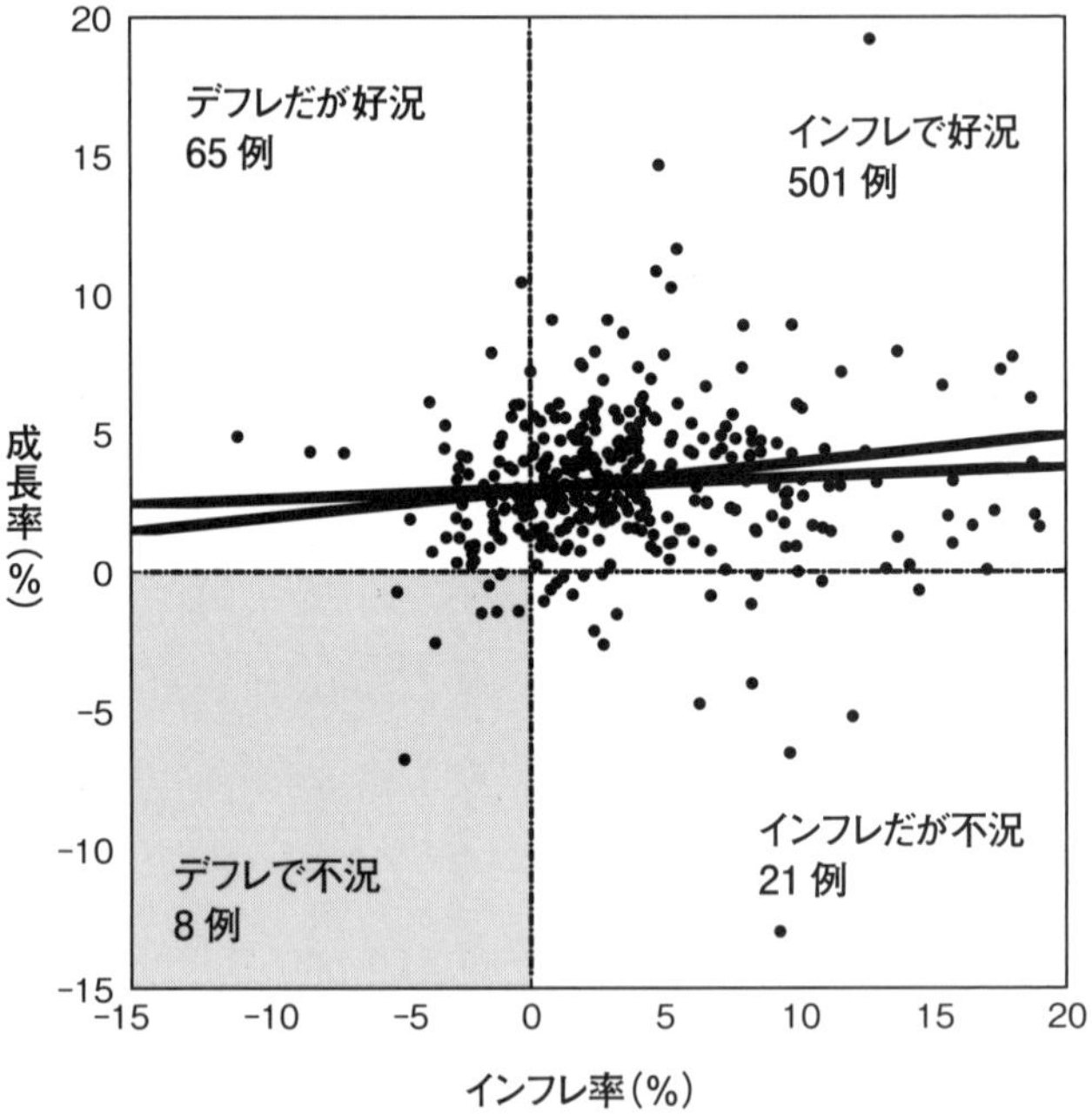


(資料)Atkeson, Andrew and Kehoe, Patrick J. (2004).“Deflation and Depression: Is There an Empirical Link?,”*American Economic Review*.

「デフレの約 9 割は不況ではなかった！」

の間に明確な違いを見出すのは難しいことがわかります。

このような客観的な検証の結果を見れば、**「デフレの結果、不況になる」という経済学の常識は、単なる思い込みにすぎない**ことがわかるでしょう。

その意味では、経営者やビジネスパーソンが注意を払うべきなのは、景気と物価の関係性を認めてはいけないということです。「デフレ＝不況」などといっていては、経済の大きな流れを読み違える原因にもなりかねません。

# 5 経済を見るときに、「原因」と「結果」を取り違えてはいけない

アトキンソンとキホーの統計学的な研究にかぎらず、世界の経済史をひもとくと、インフレ期よりもデフレ期のほうがずっと長かったことがわかりますし、デフレ下で好況を謳歌していた事例が数多くあることも理解できます。その代表例としては、18世紀後半から19世紀にかけてのイギリス産業革命の隆盛期や、19世紀後半の米国の大デフレ期などがあります。

イギリスでは産業革命の繁栄期に、「エネルギー革命」といわれるように、当時の主要エネルギーである石炭の生産が飛躍的に伸びていきました。そのせいで石炭価格は暴落しましたが、逆に1人当たりの実質GDPや実質賃金は大きく伸びることとなったのです。それに加えて、そうしたデフレの時代に平均寿命が大きく伸びるなど、人々の生活水準は

非常に豊かになっていきました。

1870年代から1890年代にかけての米国でもデフレが続いていましたが、当時は人々の活気で満ち溢れた時代でした。白熱電球や蓄音機など新たな技術や発明が次々と生まれ、文化的な発展とともに、工業生産や資本主義の興隆をもたらしました。石油王ジョン・ロックフェラーや鉄鋼王アンドリュー・カーネギーが事業を急速に拡大し、現代の米国経済の基礎を築いたのも、実はこの時代だったのです。

## 歴史をありのままに見れば、正しい姿が見えてくる

先に述べたように、「デフレ＝不況」という常識が認知されているのは、経済学界の権威の1人であるバーナンキの学説が、まともな検証が行われないまま学界で認められてしまったからです。バーナンキは米国の大恐慌の時期だけを見て、「デフレ＝不況」と決めつけてしまったのです。本来であれば、大恐慌の時期だけでなく、少なくとも他の国々の不況時とデフレの関連性を調べる必要があったのではないでしょうか。

そのようなわけで、バーナンキの研究は歴史を通じてその関連性を調べるという、基本

的な姿勢を欠いていたといえます。バーナンキの恐慌論は、学問的に見ればお粗末といわざるをえません。それでも旧態依然とした経済学の世界では、権威が事実を捻じ曲げ続けることができるのです。

アトキンソンとキホーの論文は、経済の歴史をありのままに見ることによって、経済学の常識に大きな疑義を投げかけましたが、その後の学界では徹底的に無視されることになりました。

しかしながら、歴史をありのままに見ようとする考えが、経済学の世界でも緩慢ではあるものの静かに進んでいるように見受けられます。国際決済銀行（ＢＩＳ）は２０１５年3月に、「デフレのコスト：歴史的な展望（原題 The costs of deflations : a historical perspective)」という論文を公表し、長い経済の歴史を検証したうえで、「デフレと経済成長率の関連性は低い」という結論を導き出しているからです。このような正しい見方が徐々にでも広がってくれれば、将来的には「デフレ＝不況」という常識が本当は誤りだったと認識されることになるでしょう。

## 宗教化している経済学を盲信してはいけない

私の確信に近い考えでは、経済学でいう「デフレの結果、不況になる」「インフレの結果、好況になる」という常識は、「原因」と「結果」を完全に取り違えています。「好況の結果、デフレになる」こともあるし、「不況の結果、デフレになる」こともあるのです。デフレやインフレはあくまで経済現象の「結果」にすぎません。

クルーグマン、バーナンキといった経済学の権威たちが「原因」と「結果」を取り違える発想をしてしまうのは、この章のはじめのほうで述べたとおり、経済学が不合理な前提のもとに成り立っている学問であるとともに、経済学がキリスト教の宗教観や道徳観を内包している点にあると思われます。

科学の世界では、「原因」と「結果」がひっくり返ることは絶対にありえません。経済学の世界で「インフレになれば、経済がよくなる」と主張する学者たちは、私から見れば、物理学の世界で「力が作用したから、モノが動く」という状況を「モノが動くから、力が作用する」といっているのと同じようなものなのです。

キリスト教の権威が支配する中世時代の欧州では、神の権威によって科学の発展が著しく妨げられていましたが、クルーグマンの学説である「インフレになると人々が信じれば、実際にインフレになる」という**インフレ期待などは、まさしく宗教そのもの**といってもいいでしょう。このようなクルーグマンの主張を根拠にして、わが国の経済政策が間違った現状を突き進んでいるのは、非常に憂慮すべきことだと思われます。

ですから、企業経営者は、各国の経済政策が「原因」と「結果」を取り違えていないかどうか、はっきりと見極めたうえで、国内や海外における投資を考えていかなければならないのです。

# 6 アベノミクスの失敗は初めからわかっていた

私は2013年以降、拙著やブログ、連載コラム等を通して、「大規模な金融緩和を中心に据えたアベノミクスは、間違いなく失敗するだろう」と、繰り返し粘り強く発言してきました。その理由は、円安により企業収益が増えたとしても、国民の実質的な所得は下がるため国内消費が減少してしまうことが、初めから明々白々にわかっていたからです。経済の予測が100パーセント当たる保証はありませんが、アベノミクスについては経済の本質から見て失敗することが明らかだったため、「間違いなく失敗するだろう」と断言できたわけです。

アベノミクスの理論の根底には、物価は上昇するのが好ましく、下落するのは好ましくないという、これまで宗教のように信じられてきた経済学の常識があります。ですから、アベノミクスを支持する経済学者やエコノミストのすべてが、円安が好ましいと考えていますし、円安による輸入物価の上昇が全体の物価上昇につながれば、デフレ脱却に成功するだろうといっているのです。

たとえば、価格に敏感な主婦層がいつも買っている食材や日用品などが、円安によって値上がりしたとします。値上がりの理由が、消費税の増税のせいなら好ましくないが、円安のせいなら好ましいというのは、本当に正しい考え方でしょうか。消費者の立場からすれば、そんな道理が通じるはずがありません。物価の上昇により懐が寒くなったと実感した消費者は、なるべく消費を抑えるようにするのが自然な行動パターンなのではないでしょうか。

## 個人消費のマイナスはリーマン・ショック時並み

円安による輸入インフレが進むにつれて、家計の可処分所得が減っていくのは避けられません。その結果、2013～2015年の間に円安があまりに進んでしまったために、実質賃金が3年間累計で4・6%ポイントも下がってしまいました。すなわち、この間の

**図表 20 実質賃金の推移**

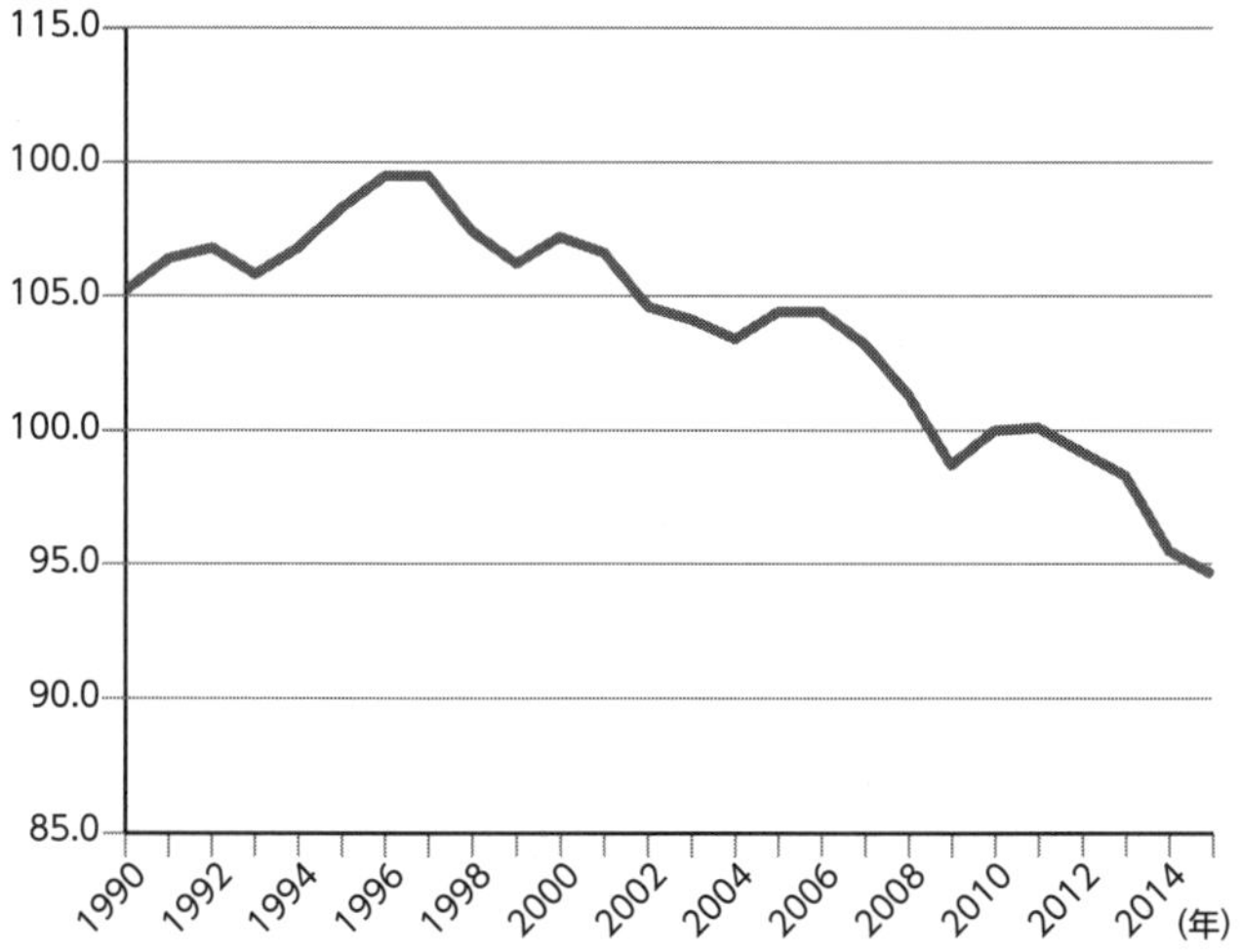


（注）2010 年平均 =100
（資料）毎月勤労統計調査

**円安によって企業の株価は**
**上がったものの、実質賃金は**
**大きく減少した**

実質賃金の下落率は、リーマン・ショック前後の期間に匹敵していたのです。これでは、GDPの6割を占める個人消費が歴史的な低迷に陥ってしまうのは当然のことでしょう。

1990年代に日本のバブルが崩壊して以降、個人消費がマイナスになったのは、金融システム危機で金融収縮が起きた1998年、リーマン・ショック期の2008～2009年、そして実質賃金が大幅に下落した2014～2015年の合計5年間です。ここで深刻に受け止めなければならないのは、個人消費が2年連続でマイナスになったのは、2008～2009年と2014～2015年の2回しかないということ、さらには個人消費が2008年に0・9％減、2009年に0・7％減だったのに対して、2014年は0・9％減、2015年は1・3％減と、戦後最悪の減少率を更新してしまったということです。

実際のところ、GDPの推移を見てみても、リーマン・ショック期を除けば、2013～2015年の成長率は年平均で0・6％と、歴史的に低迷していたことがわかります。このような現状を見れば、大手メディアの世論調査で押しなべて「8割が景気回復を実感していない」という結果が出るのは、当然のことだといえるでしょう。それにもかかわらず、政府が「景気の回復は続いている」という見解を示し続けるのは、あまりにも事実を

図表 21　GDPと個人消費の推移

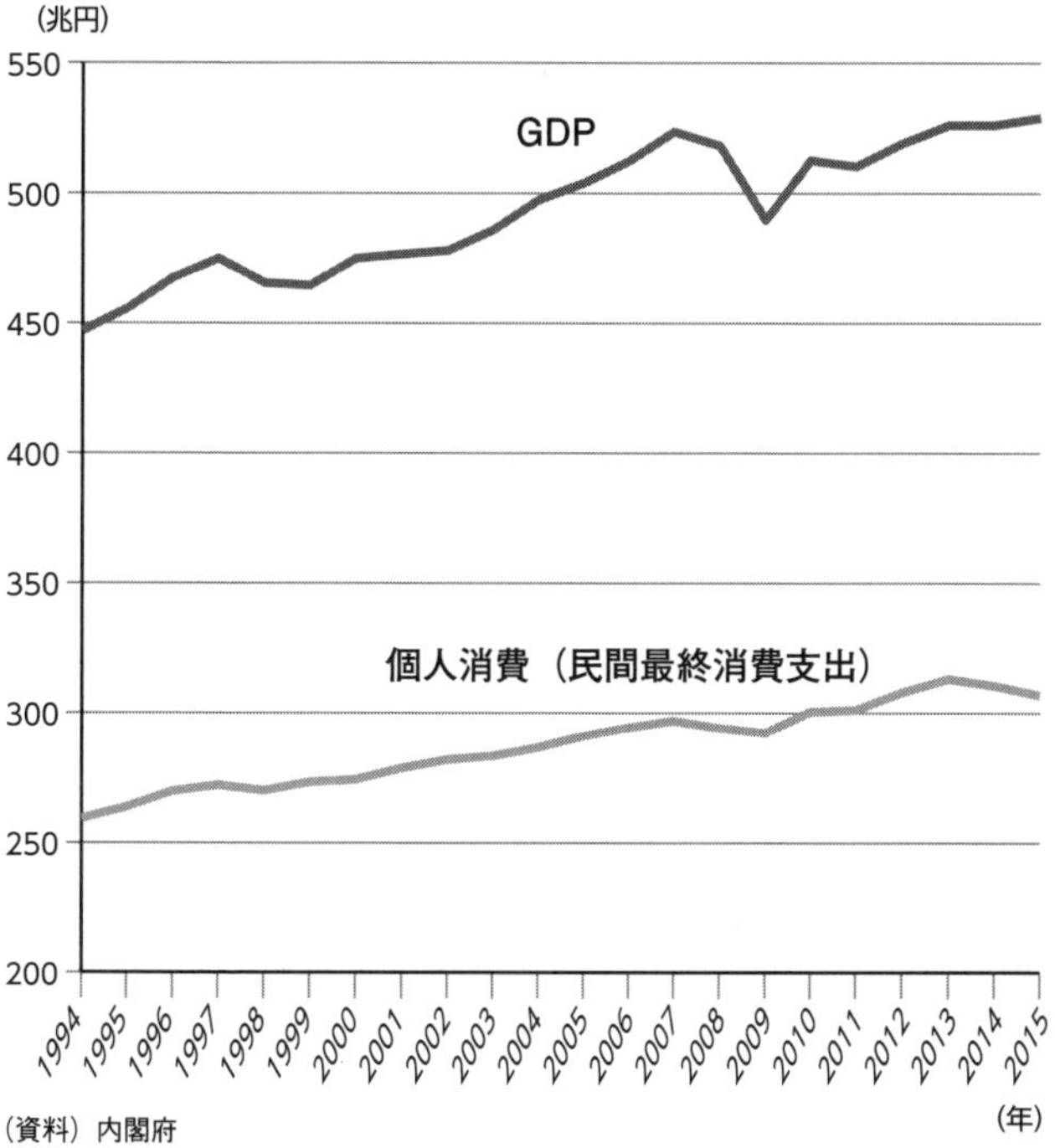


（資料）内閣府

**「実質賃金の下落で、
個人消費はマイナスに。
その結果 GDP も伸び悩んだ」**

歪めているといわざるをえません。

ただし、2016年は一転して円高に傾いているので、実質賃金は間違いなく上がることになりますし、それに伴い個人消費も幾分ながら増加に転じることが期待できます。そこで懸念すべきは、政府が「アベノミクスの成果で、実質賃金が上がり始めた」と支離滅裂なことを言い始めることです。企業が経営や投資を判断するうえでは、政府の見解を決して信じてはいけないのです。

## 経済の本質や歴史がわかっていれば、愚策を進めることはなかった

日本で浅はかな経済実験が行われてしまったのは、クルーグマンの「インフレ期待」なる理論が「原因」と「結果」を完全に取り違えているにもかかわらず、リフレ派と呼ばれる学者たちが権威の名のもとに、愚かな政治家にその理論を信じ込ませてしまったからです。普通に暮らす国民の立場からすると、金融緩和に依存する経済政策はあまりにも筋が悪かったといえるでしょう。経済の本質や歴史について先入観を持たずにしっかりと検証していれば、このような愚かな経済政策を行うはずがなかったのではないでしょうか。

経済の本質からすれば、「物価が上がることによって、景気がよくなったり、生活が豊かになったりする」のではありません。「経済が成長する結果として、物価が上がる」というものでなければならないのです（もちろん、「経済が成長する結果として、物価が下がる」というケースもありえます）。経済学の世界では、「鶏が先か、卵が先か」の議論が成り立ってしまうことがありますが、実際の経済は決してそのようには動いていかないものです。経済にとって本当に重要なのは、「どちらが先になるのか」ということなのです。

さらに、経済学の不可思議なところは、それぞれの国々における人口の構成、人々の価値観や生活スタイルなどが考慮されていないということです。とくに高齢化社会を真っ先に経験している日本にとって、本当にインフレが望ましいのかどうかは、社会保障制度の改革とセットで議論されるべきものです。そもそも人口減少社会に突入した日本の経済と、人口増加社会であり続ける米国の経済を、同じ土俵で比較すること自体、学問的にもセンスがなさすぎるといわざるをえません。

# 7 アベノミクスを信じた経営者は大失敗をしている

企業の経営者が経営戦略を判断する際には、政府の経済政策や見解を安易に信じてはいけません。ところが実際には、日本を代表する大企業の経営者であっても、アベノミクスの主張する流れに適応しようとして、経営上の失敗をしてしまったケースが意外に多いのです。

その代表例として真っ先に思い浮かぶのは、ファーストリテイリング（カジュアル衣料品ユニクロを展開）の柳井正会長のケースでしょう。

## アベノミクスに乗っかり、値上げ戦略で失敗したユニクロ

アベノミクスのデフレ脱却と足並みをそろえていたユニクロは、2014年に5%、2015年に10%の値上げを行いました。値上げの理由としては、高まった付加価値分を価格にしっかりと反映させるというものでした。

ですが、値上げの本当の理由について、価格と品質に厳しい日本の消費者の目をごまかすことはできなかったのでしょう。円安の進行によって、原料高などで製造コストが上がってしまったのが値上げの本当の理由であると、日本の消費者はあっさりと見抜いていたわけです。

国民の実質的な所得が下がっているさなか、2016年2月期（2015年9月〜2016年2月の上半期）の決算では、値上げの影響が響いて国内既存店の客数が6・3%も減少してしまいました。その結果として、純利益が470億円（前年同期は1047億円）と55%も落ち込んでしまったのです。

そこで2016年2月に柳井会長は、2年連続で行った値上げが消費者に通用しなかったことを認め、ただちにユニクロ全店での値下げを実行に移しています。アベノミクスに便乗した経営戦略を改めて、消費者にとっていつでも安い価格を実現し、今までの成長力の源泉であった割安感を重視していく方針に戻していくといいます。

## 図表 22 ファーストリテイリングの業績推移

（億円）

| | 2015年8月期 | | 2016年8月期（予想） | | | |
|---|---|---|---|---|---|---|
| | 上期実績<br>(2014/9〜2015/2) | 通期実績<br>(2014/9〜2015/8) | 上期実績(2015/9〜2016/2) | 前年同期比 | 通期実績(2015/9〜2016/8) | 前期比 |
| 売上収益 | 9,496 | 16,817 | 10,116 | (+6.5%) | 18,000 | (+7.0%) |
| 売上総収益<br>（売上比） | 4,795<br>50.5% | 8,485<br>50.5% | 4,769<br>47.1% | (▲0.5%)<br>(▲3.4p) | -<br>- | -<br>- |
| 販管費<br>（売上比） | 3,363<br>35.4% | 6,718<br>39.9% | 3,707<br>36.6% | (+10.2%)<br>(+1.2p) | -<br>- | -<br>- |
| 事業利益<br>（売上比） | 1,431<br>15.1% | 1,766<br>10.5% | 1,062<br>10.5% | (▲25.8%)<br>(▲4.6p) | 1,500<br>8.3% | (▲15.1%)<br>(▲2.2p) |
| 営業利益<br>（売上比） | 1,500<br>15.8% | 1,644<br>9.8% | 993<br>9.8% | (▲33.8%)<br>(▲6.0p) | 1,200<br>6.7% | (▲27.0%)<br>(▲3.1p) |
| 税引前四半期利益<br>（売上比） | 1,636<br>17.2% | 1,806<br>10.7% | 820<br>8.1% | (▲49.9%)<br>(▲9.1p) | 1,025<br>5.7% | (▲43.3%)<br>(▲5.0p) |
| 親会社の所有者に帰属する当期利益（売上比） | 1,047<br>11.0% | 1,100<br>6.5% | 470<br>4.7% | (▲55.1%)<br>(▲6.3p) | 600<br>3.3% | (▲45.5%)<br>(▲3.2p) |

（億円）

| | | 2015年8月期 | | 2016年8月期（予想） | |
|---|---|---|---|---|---|
| | | 上期実績<br>(2014/9〜2015/2) | 通期実績<br>(2014/9〜2015/8) | 上期実績(2015/9〜2016/2) | 前年同期比 |
| 国内ユニクロ事業 | 売上収益 | 4,545 | 7,801 | 4,536 | (▲0.2%) |
| | 事業利益<br>（売上比） | 886<br>19.5% | 1,156<br>14.8% | 636<br>14.0% | (▲28.2%)<br>(▲5.5p) |
| | 営業利益<br>（売上比） | 894<br>19.7% | 1,172<br>15.0% | 641<br>14.1% | (▲28.3%)<br>(▲5.6%) |
| 海外ユニクロ事業 | 売上収益 | 3,455 | 6,036 | 3,892 | (+12.7%) |
| | 事業利益<br>（売上比） | 431<br>12.5% | 507<br>8.4% | 325<br>8.4% | (▲24.7%)<br>(▲4.1p) |
| | 営業利益<br>（売上比） | 428<br>12.4% | 433<br>7.2% | 294<br>7.6% | (▲31.4%)<br>(▲4.8p) |
| グローバルブランド事業 | 売上収益 | 1,482 | 2,953 | 1,673 | (+12.9%) |
| | 事業利益<br>（売上比） | 123<br>8.3% | 209<br>7.1% | 142<br>8.5% | (+15.3%)<br>(+0.2p) |
| | 営業利益<br>（売上比） | 117<br>7.9% | 144<br>4.9% | 143<br>8.6% | (+21.9%)<br>(+0.7%) |

国内事業が減収、減益となった

（資料）ファーストリテイリングの決算サマリー（2016年4月7日）

しかしながら、2度の値上げで薄れてしまった割安なイメージを取り戻すのは容易なことではありません。ユニクロの値上げでライバル他社に流れてしまった顧客を、再び呼びよせるのも簡単なことではないでしょう。

アベノミクスという経済政策と同じように、ユニクロの失敗は初めからわかっていたことです。消費者の実質的な所得が下がっていくのが予測されるなかで、2度も値上げをするなどという判断は、とても尋常ではないからです。そもそも日本人の価値観からいって、インフレは期待されるものではなく忌避されるものだということを、企業経営者の多くは早い段階から認識すべきだったのです。

## 国の政策の成否を見極める目を養え

アベノミクスに期待して値上げをした企業は、ほとんどすべてのケースで今や戦略の転換を迫られています。とりわけファミリーレストランなどの外食産業では、アベノミクスが始まった2013年から値上げを開始した企業が多かったといえるでしょう。多くの企業が値上げに転じた背景には、やはり円安による輸入食材の著しい価格上昇がありました。

ある程度の値上げをしなければ、利益を確保できない状況に追い込まれてしまったのです。

このようなやむをえない値上げは、実質賃金の低下が始まった2013年のうちは、消費者にとって影響がまだ少なかったのかもしれません。ところが、円安がさらに進むことで、実質賃金が2014年、2015年と下落し続けていくにつれて、消費者の節約志向が強まっていくことになります。

その結果として、こうした外食産業の値上げ戦略は、見直しを余儀なくさせられています。ファミリーレストラン、ファストフード店、牛丼専門店などでは、今や低価格メニューの拡充を図ることによって、消費者の財布のひもを緩めようと必死になっています。実のところ、これらの低価格メニューは総じて好評であり、顧客の消費も順調に回復してきているのです。

この項目で述べた事例から得られる教訓は、経営者やリーダーたちは**国の経済政策が成功するか否かを判断する目を養わなければならない**ということです。内閣府が毎月公表している「月例経済報告」など官公庁の景気判断は、まったく経営のためにはならないことを肝に銘じておく必要があるのです。

# 8 経済のトレンドを見極めれば、経営は成功したのも同然だ

経済のトレンドを予測できれば、企業の経営者は将来起こりうる経営上のリスクを回避することが可能になります。景気後退を予測した時点で、設備投資を控えたり、採用を抑えたりするなど、景気後退に備えた経営ができるようになるからです。その一方で、将来起こりうる経営上のチャンスを逃さないことも可能になります。景気拡大を予測できれば、積極的に設備投資を拡大するなど、攻めの経営を前もってできるようになるからです。

## 経済を見抜く6つの景気判断

経済予測の基本は、次の6つの景気判断を意識して考えることです。これらの景気判断

をひとつひとつ意識することができれば、経営者は経営と経済を一体にした効率的な戦略を立てることができるようになります。

①景気拡大が始まるという判断
②景気拡大が続いているという判断
③景気拡大が終わるという判断
④景気後退が始まるという判断
⑤景気後退が続いているという判断
⑥景気後退が終わるという判断

決して誤解してはいけないのは、③「景気拡大が終わるという判断」と④「景気後退が始まるという判断」はイコールではないし、⑥「景気後退が終わるという判断」と①「景気拡大が始まるという判断」もイコールではないということです。当然ながら、双方には重複する期間もあるでしょうが、たとえ景気拡大が終わったとしても、そのまま景気が横ばいを保っている場合もありますし、たとえ景気後退が終わったとしても、その後も景気の停滞が続くことがあるからです。

激動のグローバル経済下で企業が生き残っていくためには、経営者に経済を予測する能力が求められます。そのなかでもとくに重要な予測ポイントは、大きなリスクを回避するという判断力です。経済のトレンドが「右肩上がり」から「右肩下がり」への転換点に近付いているときに、企業が大規模な設備投資を決定したら、第1章で述べたように、多くの場合で大きな失敗をするのは避けられないでしょう。しかし、経済トレンドの転換点が予測できていれば、企業は無駄な投資によって損失を抱えずにやりすごせるばかりか、その後に絶好の投資機会を探ることだってできるのです。

そういった意味では、企業の経営を考えるうえでとくに重要な判断は、**③「景気拡大が終わるという判断」**と**④「景気後退が始まるという判断」**の2つになります。企業が巨額の損失を一度でも被ったら、その分を取り戻すには相当の努力と時間を要します。取り戻せればよいですが、そのまま経営危機に陥ってしまう場合もあります。だから、もっとも避けなければならないのが、景気拡大から景気後退へ転換するところで事業を拡大するということなのです。

それとは対照的に、絶好の事業拡大の機会を探るという観点から見れば、**⑤「景気後退**

**図表 23　6つの景気判断のイメージ**

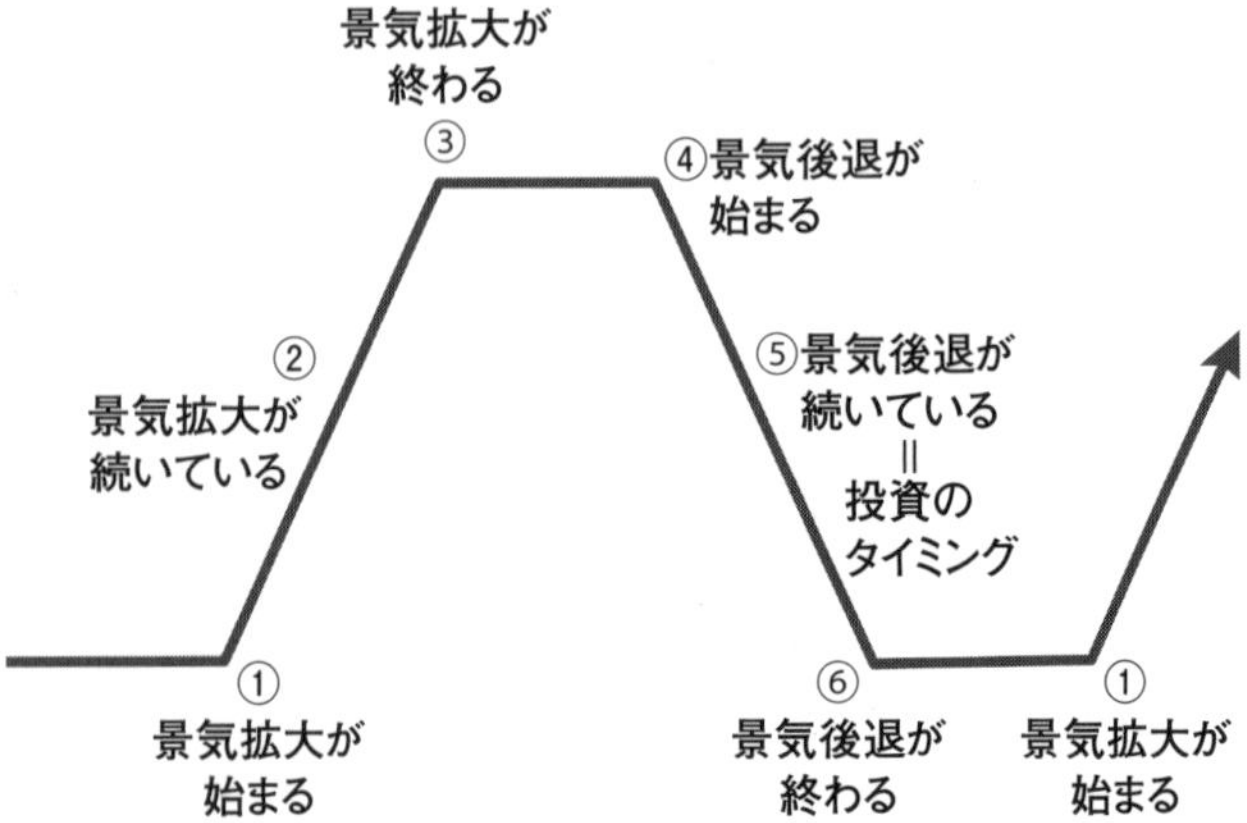


「景気のトレンドが
意識できるようになると、
ビジネスや投資で有利に動ける」

**が続いているという判断」**と**⑥「景気後退が終わるという判断」**の2つが重要になります。

とりわけ⑤の判断で、景気が悪いのがしばらく続くという状況になった場合、国内外問わず拠点を設けるときの設備投資が安くなるうえに、その拠点を設ける自治体からは雇用が増えることで感謝され、優遇策や振興策が施される可能性もあります。さらには、工場の稼働や投資権益の獲得が⑥「景気後退が終わるという判断」の時期に重なれば、最高の経営パフォーマンスを上げることができるのです。

## 設備投資をする絶好のタイミングとは

私が考える理想的な景気判断とは、景気の拡大が続いているとき、**あと2～3年くらいで終わるだろうというタイミング**を判断することです。というのも、企業が工場の建設を決定してから稼働するまでの期間は、通常2～3年はかかりますし、長いケースでは4～5年もかかるからです。仮に2～3年のうちに投資対象国の景気拡大期が終わるという予測が立てられれば、工場の建設を白紙撤回したり、工場の規模を縮小したりと、対応策を講じることができるわけです。

もちろん逆のパターンでは、投資対象国で景気の後退が続いているとき、**あと2～3年くらいで景気後退期が終わるだろうという予測**が立てられれば、それも理想的な判断になりえます。景気の拡大期が始まる頃合いを見計らって、工場の建設や採用の拡大を展開することが可能になるからです。企業の経営者は、景気後退期から景気拡大期になるタイミングをもっと意識しながら、積極的に投資するよう心がけるべきでしょう。

なお、資源の権益の買収・売却や企業のM&A（合併・買収）などでは、半年前から1年前に経済トレンドの転換点を見極めることができれば、年月を要する設備投資などとは異なり、時間的には十分に余裕があると思われます。たとえば、銅の価格が半年後に長期の上昇トレンドに入るだろうと予測できれば、銅鉱山の権益を急いで買収することができますし、その反対に暴落するだろうと予測できれば、権益の売却を多方面に打診して売却にこぎつけることだってできるのです。

# 9 次の経済のトレンドはどうなるか

これからの世界経済の大きな流れについて、みなさんはどのように考えているでしょうか。

2016年7月の時点では、原油安の長期化によって、米国では消費が力強い基調を保っているうえに、欧州でも消費が戻りつつある状況が続いています。中国でも投資依存の経済から消費主導の経済へと転換が進み、消費は増加の一途を辿っています。日本だけは経済政策の失敗で消費が冷え込んだままですが、世界経済全体を見渡してみれば、かつてと比べて低成長であるとはいえ、それでも好況の部類には属しているといえるでしょう。

しかしながら、私たちが認識しなければならないのは、世界経済が好況から不況に転じる本質的な問題を抱えていて、それが経済の深層部から今にもマグマのように吹き出しそ

## 図表 24 中央銀行の資産（対GDP比）の推移

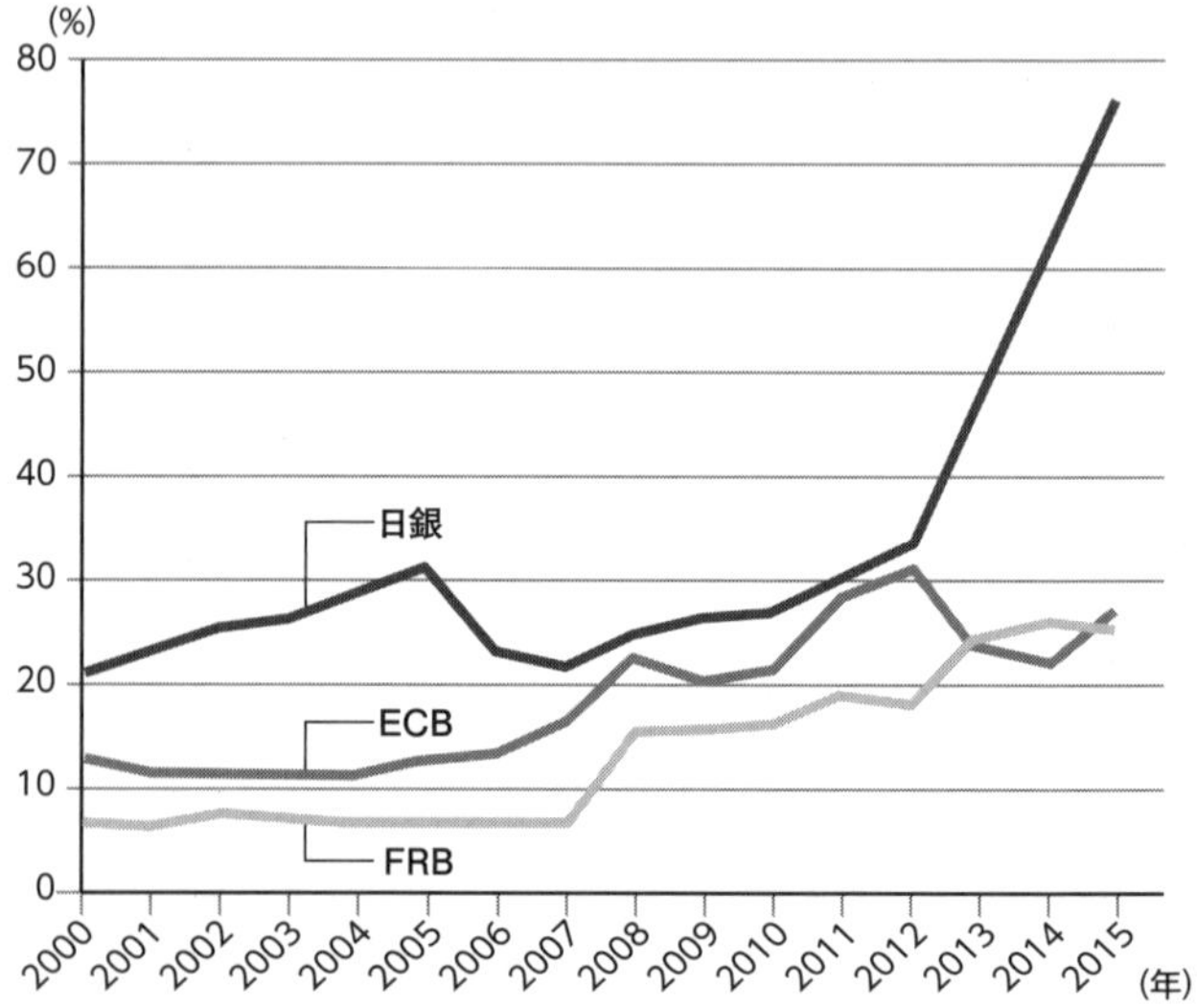


（資料）IMF、各国中央銀行

「先進諸国は量的緩和政策を
進めたことで、中央銀行の
資産は膨れ上がってしまった」

うな状態にあるということです。その問題は何かというと、**世界のいたるところで債務が増えすぎてしまっている**ことです。

米国では家計の債務がリーマン・ショック期をピークにして減ってはいるものの、その代わりにＦＲＢが量的緩和により莫大な負債を抱えてしまっています。欧州では国家、銀行、家計がそれぞれに重債務に苦しむなかで、ＥＣＢ（欧州中央銀行）も量的緩和により負債を増やし続けています。日本でも国家が重債務を抱える傍らで、日銀が大規模な量的緩和を行い、無謀にも負債を増やし続けているのです。

世界経済の先行きを考えると、ＦＲＢが本格的な出口戦略（市中に供給した資金量の縮小）に着手するには、あと3年かかっても無理なように思われます。ＥＣＢや日銀も同じように、今から3年たっても、とても出口戦略を始める状況にはならないでしょう。そして、出口戦略が遠ざかれば遠ざかるほど、その副作用はマグマのように溜まっていくでしょう。

## 新興国や途上国の経済を嵩上げした与信バブル

米国、欧州、日本が中央銀行の負債により景気の浮揚を目指しているのに対して、中国はかつて景気対策として行った4兆元（当時の日本円で60兆円）の財政出動がもたらす副作用に苦しんでいます。中国企業はドル建ての借金を増やして設備投資を大幅に拡大し、主として鉄鋼、セメントなどの素材メーカーは供給過剰によって大赤字に陥ってしまっています。

それまでの中国企業は債務が比較的少なかったのですが、4兆元投資が行われた後は、中国企業も莫大な債務を抱えています。国際決済銀行（BIS）の推計によれば、中国の金融機関を除いた民間債務は2015年9月末時点で21・5兆ドルとなり、リーマン・ショック後から4倍へと急速に膨れ上がっています。驚くべきことに、その債務総額はGDP比で200％を超えてしまっているのです。

中国の民間債務の内訳は、企業が17・4兆ドル、家計が4・1兆ドルとなっていますが、債務の8割を占める企業部門のうち、債務比率が高い不動産、鉄鋼、金属、資源などの分

## 図表 25 民間債務(対GDP比)の推移

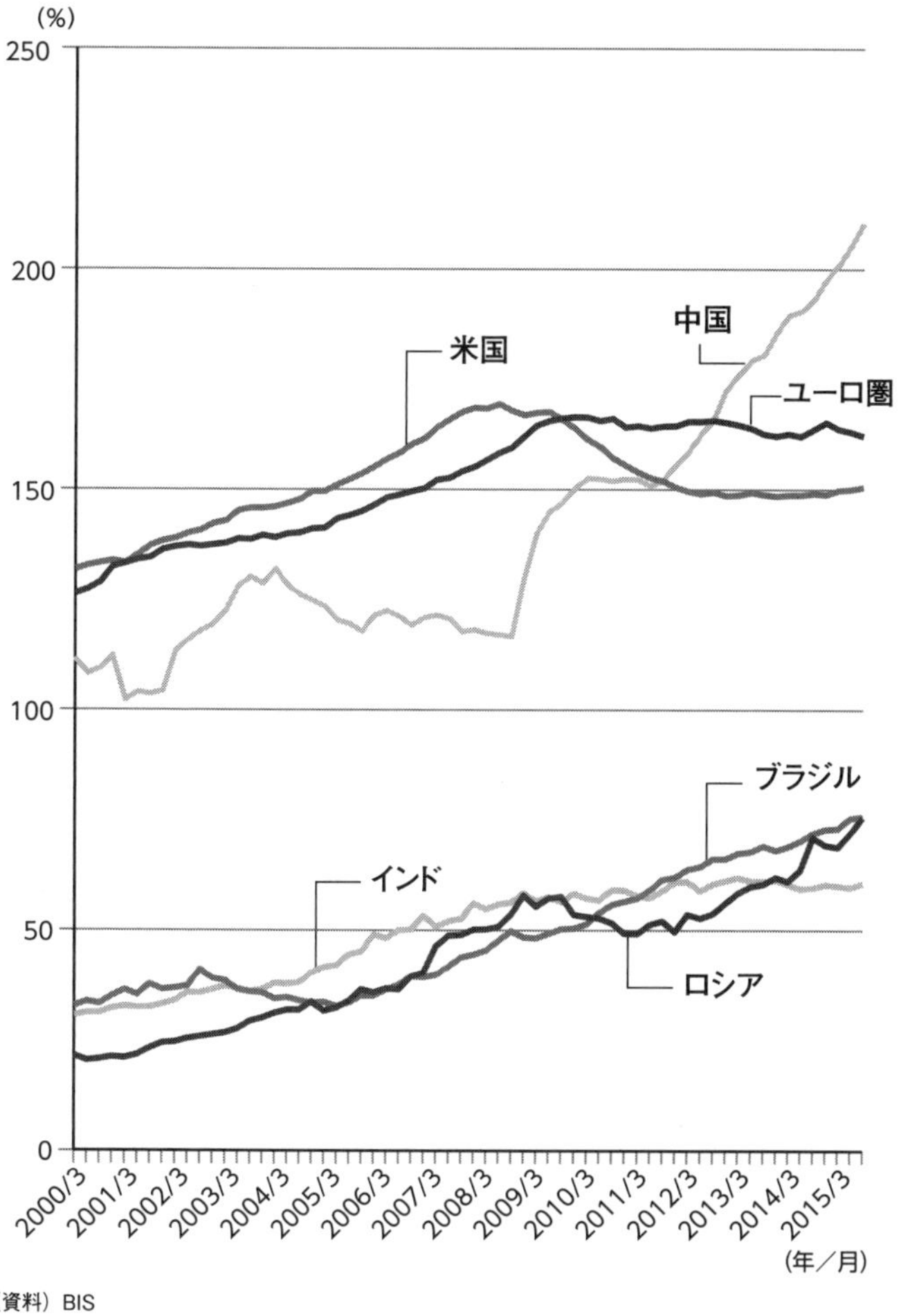


(資料) BIS

野では、債務不履行への懸念が強まっています。一方の家計でも、住宅ローンがリーマン・ショック後に0・8兆ドルから4兆ドルに急増しており、注意を要する水準に達してきているといえるでしょう。

日本の民間債務は1989年にGDP比で200％を超え、その後にバブルが崩壊することになったのですが、中国の民間債務もすでに日本のバブル末期の水準に達しています。中国政府は共産党独裁体制を維持するために、何としても経済をソフトランディングさせようと躍起になっていますが、それが達成できるのか否かは、もはや誰にもわからないでしょう。

リーマン・ショック後に世界経済を下支えしてきたのは、紛れもなく中国を中心とした新興国経済の高成長でした。しかし今や、中国に限らず、ブラジル、ロシアなどの新興国も借金経済が回らなくなってきています。ブラジルでは家計の債務返済比率が米国のリーマン前の水準を超えて久しいうえに、資源価格の暴落により2015年、2016年と2年連続のマイナス成長になる見通しです。ロシアでも財政の悪化が深刻であり、このままではあと2～3年しか財政が持たないだろうといわれています。

BRICsに代わって成長エンジン役を期待されている東南アジア諸国でも、中国経済の減速に加えて、民間債務の増加が景気の足を引っ張る可能性が高まっています。インドネシアやマレーシア、シンガポールなどでは家計の債務が増加する傾向にあり、その傾向に対して各国の政府と中央銀行も警戒感を強めているのです。

これは歴史の常なのですが、先進国の景気が低迷しているときは、新興国や途上国に投資資金が潤沢に流れ込みます。その潤沢さゆえに、各国での融資基準は緩くなり、国民は身の丈以上の借金をして消費を謳歌するようになります。このような与信バブルが新興国や途上国の経済成長を嵩上げしていたわけですが、借金経済には必ず落とし穴が待ち受けているものです。

## 借金経済をいかにして克服するか

今の世界経済の主たる問題点は、あちらこちらで借金が膨れ上がってしまったことです。米国、欧州、日本では量的緩和でマネーを市中にばらまいてみたものの、金融緩和だけで好景気を持続させるのは不可能であることがすでに証明されてしまいました。国民が貯蓄をして消費をするというのが、健全な経済です。金融緩和により資産が増えるのは一部の富裕層だけであり、消費が広範に及ぶのは非常に難しいのです。

その意味では、日本の経済政策、財政政策も明らかに限界に近づきつつあります。歴史を振り返ってみると、通貨安だけで経済を中長期的に回復させた国はありません。たとえ長い時間がかかったとしても、構造改革と成長戦略のみが有効な政策になりうるのです。また、増税だけで財政再建を達成した国はありません。増税をする前に歳出削減を断行する必要があり、歳出削減をしなければ財政膨張は止まらず、消費増税は焼け石に水になってしまいます。

さらには、日銀の金融政策は破綻に近づいているといえるでしょう。マイナス金利は経済全体で見れば副作用のほうが多く、愚策以外の何物でもありません。現代の経済システムは、金利が必ずプラスになるという前提で構築されています。マイナス金利はまったく想定されていないため、これから数々の副作用が出てきて、経済を脆弱な状態へと貶めてしまうリスクが高いのではないでしょうか。

私たちにとって重要なのは、しっかりと現状の問題を正視することです。グローバル経済に生きているかぎり、競争力の低い企業は退場させて、債務を削減する以外に、明るい未来を展望することなどできません。それぞれの国々の経済で債務の増加がいちばんの重荷となっているにもかかわらず、景気を浮揚させるために財政出動を増やそうという発想は、目先のことしか考えていないというほかありません。

歴史を振り返ってみると、過去の数々のバブルをもたらした要因は、例外なく、異常な水準にまで膨らんだ債務の増加にあります。バブルがその限界を露呈するのは、ある時点で借り手の収益の見通しが悪化し、貸し手が融資の拡大に歯止めをかけるようになるからです。その結果として、債務の増加が止まると同時に融資が減少してくると、経済は悪化の方向に動き出し、債務の不良債権化が表面化してくるのです。

## 世界経済は2017～2018年に転換点を迎える

2000年以降の世界経済を思い返すと、米国でのITバブルの崩壊後、借金経済が世界経済の成長を支えてきたといえるでしょう。2007年までの世界経済は、米国の貿易赤字が世界の成長をもたらし、世界の成長が米国の借金を穴埋めすることで成り立ってきました。その原動力となったのが、過大な借金に依存した米国の住宅バブルだったのです。

しかしその後、米国の住宅バブルが崩壊し、その影響で欧州の金融バブルまで崩壊すると、世界経済はマイナス成長に転落してしまいます。そのときに世界経済を救ったのは、中国の4兆元の公共投資であり、その他の新興国の旺盛な消費でした。要するに、先進国の借金経済の崩壊の後始末に、新興国の民間部門が新たに借金をして穴埋めをしていたというわけです。

中国やその他の新興国が借金経済を続けるのが難しくなってしまった現状において、再び世界経済を浮揚させるためには、新たな国々が巨額の借金をして、公共投資や消費をしなければなりません。ところが、世界のどこを見渡しても、そのような国々は見当たらないのです。仮に中国のように巨額の借金をしたとしても、その国は今の中国の二の舞になるだけでしょう。

今後の世界経済を5年くらいのスパンで見ると、明るい見通しを持つことはとてもできない状況にあります。欧州や日本では景気後退（2四半期連続のマイナス成長）に陥る局面が訪れるでしょうし、米国でも経済成長が1年を通して1％未満に落ち込むことが避けられないかもしれません。

そのように考えると、**世界経済は低空飛行を余儀なくさせられる**でしょう。いずれにしても、これ以上、借金経済の後始末を借金で穴埋めするのは難しい状況にあるので、世界各国は借金を地道に減らしていくしか方法がないのです。

よって、**2017〜2018年あたりに「右肩上がり」から「右肩下がり」への転換点が世界経済に訪れる**のではないでしょうか。すなわち、今の世界経済は6つの景気判断のどの局面にあるのかというと、③「景気拡大が終わるという判断」が近づいているといえるでしょう。

# 第4章

# 「経済予測」は3つの視点でマスターできる

# 1 経済の流れを見極めるには何をすべきか

経営や投資で失敗しないためには、経済の大きな流れを見極める必要があります。しかし、経済学の知識や理論だけでは、経済のトレンドをつかむことは到底できません。ここまで読んできた読者のみなさんは、すでにそのことがわかっていると思います。経済学の知識や理論よりも、もっと学ばなければならないものがたくさんあるのです。

経済というものは、グラフや数式で表せるほど簡単なものではありません。さまざまな国家や企業の思惑、人間のあくなき欲望などが複雑に絡み合い、必ずしも合理的とはいえない行程をたどることが少なくありません。ただ単に経済学の見地から経済現象を分析するだけでは、現実の経済の先行きを見極めることはできないのです。

## 経済予測にはさまざまなジャンルの知識が必要

現実の経済を正確に分析するためには、物事の本質をとらえる**哲学的な思考力**と、過去の教訓を生かす**歴史学的な思考力**が必要です。さらには、経済に応用できる**自然科学的な発想**を学ぶことも大事ですし、競争原理のなかで経営者がどう判断するのかを推測することも大切な要素です。

要するに、経済の大きな流れを読むには、ある特定分野の知識だけではなく、さまざまな分野の知識が求められます。人文科学系の学問では哲学、歴史学、地理学、人類学、言語学、心理学など、社会科学系の学問では法学、政治学、経済学、経営学、統計学など、自然科学系の学問では物理学、化学、生物学、数学、地質学など、できるかぎり幅広い知識を持っていたほうが好ましいでしょう。

さまざまな知識を積極的に吸収していけば、意識するしないにかかわらず、自然と視野が広がっていきます。その広い視野で経済を予測し、自らのあたまで最良と思う結論を導き出していくのです。その行程の繰り返しが、俯瞰的な視点を養うと同時に、経済の本質を見抜く洞察力を育ててくれるはずです。

## 幅広い知識は人間を大きくしてくれる

学問の分野にとらわれない広範な知識は、そのままその人の視野の広さに直結します。視野が広ければ広いほど、特定分野の知識だけではとても導き出せない判断ができるようになるものです。他の学問分野の知識や考え方を取り入れることによって、より本質的に、より合理的に、より体系的に判断できるようになるからです。

世間では卒業した大学の学部によって「文系」「理系」と区別されていますが、そのような分け方は無意味であると思われます。現実の世界では、ひとつの学問的な考えにこだわるよりも、ジャンルにとらわれない広範な知識を持つことのほうが、その人の視野を広げ、その人自身を大きくすることになるからです。

俯瞰的な視点を持つことで視野が広がれば、これまで解決策が見つからなかった難題に対して、新たな解決策を見出す可能性が高まるでしょう。従来の間違った判断を正しい判断に変えていくこともできるでしょう。

しかしながら、このようなことを述べると、みなさんから「今から多くの学問に精通するのは不可能だ」という声が聞こえてきそうです。そこで私は、本書の最終的な目的として、経済の流れをつかむのにとりわけ有効なポイントに絞って解説し、実践的な方法論を提案していきたいと思います。

# 2 経済の流れを見極める3つの視点とは

私は経済アナリストとして仕事をしているものの、エネルギー資源の専門家ではありません。エネルギー資源の専門家が２０１３年の時点で原油や鉱物資源の歴史的な価格下落を予測できなかったにもかかわらず、どうして専門家でもない私にその予測ができたのでしょうか。

その答えは、第１章の最後のほうで紹介した３つの視点を融合して、経済現象を俯瞰的に見ることができたからです。それら３つの視点を再掲すると、次のとおりです。

**〈経済予測のための3つの視点〉**

「物事の本質とは何か」

「歴史の教訓をどのように生かすのか」

「自然科学の発想をどのように生かすのか」

## 「本質」「歴史」「自然科学」がポイント

1つめの視点は、**「物事の本質とは何か」**を、つねに突き詰めて考えるようにすることです。私が考える本質とは、「物事の根本となる性質」という本来の意味に加えて、昨今の流動化が激しい時代に物事の「構造」「正解」「真相」がどうなっているのかをつかむという意味合いも含んでいます。

この点に関してとくに気になっているのは、経済をガチガチに学んできた専門家のなかには、経済の本質を見抜く以前に、物事の道理や本質を踏み外して考えている人々が多いということです。それでは、経済の予測において高い精度を保てるわけがありません。

2つめの視点は、**「歴史の教訓をどのように生かすのか」**ということです。歴史学においては、過去に起こった出来事をただ単に知るだけでなく、その出来事が起こった理由、背景、条件、状況、その当時の人々の価値観、その出来事の与える影響などを分析することがとても重要とされています。そういった分析力を磨くことによって、将来的に同じ出来事が起こるのかどうかを予測できるようになるのです。

ところが、世界的に著名な経済学者であっても、過去の歴史と現在の出来事の比較ができていません。単純に歴史的な出来事を並べて類似点だけを比較するのなら、小学生や中学生でもできることなのです。

3つめの視点は、**「自然科学の発想をどのように生かすのか」**ということです。みなさんは意外に思われるかもしれませんが、自然科学的な発想を取り入れると、経済を予測する精度が明らかに上がっていきます。経済アナリストや経営アドバイザーを生業とするのであれば、経済学や経営学に精通していれば問題ないのではないかと、多くの人々は思っているかもしれません。

ところが、私が実際にアドバイスをする場合は、社会科学系の学問の発想をすることよりも、人文科学系や自然科学系の学問の発想をしていることのほうがずっと多いのです。物事の本質を見極めながら、高いレベルのアドバイスをしようと心がけると、どうしてもそのような発想に行き着くわけです。とくに経済を俯瞰するときには、物理学や地質学、気象学などの知見を無意識のうちに使っていることが多いように思われます。

## 俯瞰的な視点は何にでも役立つもの

これら3つの視点は、私が経済予測をするときに実際に活用しているものです。私の体験では、これら3つの基本的な視点で経済を分析するだけでも、十分に精度の高い予測ができます。

おまけに、これらの視点を身につければ、ビジネスをする際にも、資産運用をする際にも、非常に役立ちます。要するに、俯瞰的な視点を持って視野を広くするというのは、何をするときでも大事なのです。

それでは、次の項目からは、それぞれの視点について具体的に説明していきましょう。

# 3

## 3つの視点①
## 物事の本質とは何かを考える

私が仕事をするうえでいちばん注意を払っているのは、「物事の本質とは何か」をいつも煎じ詰めて考えるようにすることです。経済や経営はもちろん、政治、社会、文化、科学など、その本質について広範に考えることは、俯瞰的に物事を見る力を養ってくれます。その甲斐あって、経済アナリストとして精度の高い経済予測ができ、経営アドバイザーとして効果的なアドバイスができているわけです。

それでは、「物事の本質」を見極めるには、どういったことを実践していけばいいのでしょうか。

## 本質をつかむのにもっとも適した学問がある

その答えは、学問のジャンルに関係なく、さまざまな知識や手法を学ぶことです。前の項目でも述べたように、物事の本質を見極めるためには、ある特定ジャンルの知識だけではなく、人文科学系、社会科学系、自然科学系のそれぞれに属する学問を横断的に学ぶことが求められます。ところが、それを忠実に実行しようとすると、ポイントを絞って効率的に学ぼうという本書の趣旨から遠ざかってしまいます。

そこで、手っ取り早い方法はないかと考えると、物事の本質をつかむにはこれしかないだろうという最適な学問があります。その学問とは、何を隠そう**「哲学」**なのです。

なぜなら、哲学とは本来、本質（真理）を突きつめる学問であるからです。すなわち、**「物事の本質を考えること」と「哲学的に物事を考えること」は、かぎりなくイコールに近い**のです。

## 複雑な世界を単純化する思考を身につける

哲学はこのあとに述べる歴史学と同じように、知識や思考方法を詰め込む学問であると誤解されていることが多いようです。たしかに世間的な見方をすれば、たとえばフランシス・ベーコンの経験論やデカルトの合理論、ヘーゲルの弁証法など、歴史上の偉大な哲学者たちが築いた思考方法を学んで何の役に立つのかと、疑問に思う人々が多いのは紛れもない事実です。

しかし、哲学は本来そういう学問ではありません。哲学が優れているのは、偉大な哲学者たちの考え方を学ぶことによって、自らの思考力を鍛えることができる点です。その努力の結果として、物事の本質を突きとめるのに欠かせない、俯瞰的な見方を育むことができるのです。

また、哲学に対して、わざわざ物事を複雑に考える学問だというイメージを持っている人も多いようです。哲学を学ぼうとすると、馴染みのない難解な言葉を数多く理解しなければならないため、そのような誤ったイメージに拍車をかけているのでしょう。

しかし実際の哲学は、**複雑な世界を単純化すること**を目的としています。行き着くところ、哲学を学ぶことによって期待できる成果とは、物事の全体像を単純化するための訓練や、物事の本質を見極めるための訓練が効果的にできることなのです。

とりわけ20世紀のフランスを中心に発展した現代思想では、「社会の全体構造を本質的にとらえる」という作業を通じて、世の中の仕組みや、世の中が抱える問題を浮き彫りにするということを命題としていました。今でもその精神は、多くの哲学者たちに受け継がれています。

そのような哲学の精神に慣れてしまえば、社会の全体構造はもちろん、経済の全体構造をとらえるのにも、きっと役に立つことでしょう。経済の全体構造を簡略化して抽出するのは、決して難しいことではなくなるのです。そして、それが把握できれば、精度の高い経済予測を立てることも可能になるわけです。

## 哲学的な思考力があると、世の中の正しい答えが見えてくる

哲学は、学問のなかの学問といわれています。それは、あとの「経済予測力を高めるに

は、学問の融合が欠かせない」の項目で述べるように、哲学がすべての学問の源流だからです。第2章で述べたように、経済学の大前提が大きな欠陥を抱えていることを、優秀な哲学者たちがすでに何十年も前に喝破していたのは、ある意味では当然のことといえるでしょう。

経済を学んできた専門家のなかには、経済の本質を見抜くという以前に、物事の道理や本質を踏み外して考えている人たちが多いように思われます。だから、経済予測においてその精緻性を保てるわけがありませんし、警鐘を鳴らすべき米国の住宅バブル期に、典型的なバブルの渦中にあることも認識できなかったのです。さらには昨今の出来事では、原油価格の大幅下落や円高トレンドへの転換さえも、まったく予測できませんでした。

専門家と呼ばれる人々の多くは、自らのなかに無意識のうちに身につけてしまった、偏った物事の見方をしています。専門分野でその知識を深めていくことはいくらでもできますが、それは多くの場合、お決まりの物事の見方を強化しているにすぎないのです。そのような状況では、広い視野は持てませんし、俯瞰的な見方もできるわけがありません。

しかしながら、哲学的な見方に慣れ親しんでいけば、きっとよい意味で、その偏った物事の見方を壊すきっかけを与えてくれるでしょう。ある物事について見定めようとするとき、決して偏った考えではなく、さまざまな立場や視点から眺めることができるようになります。

私が哲学の効用を実感するのは、メディアで経済の専門家がいろいろな見解を述べているときです。同じテーマについての見解が、専門家によっては180度違うことも少なくありませんが、哲学的な思考力が身についていれば、どの見解が間違っていて、どの見解が正しいのか、だいたいのケースでわかるようになるのです。

アベノミクスの理論を初めて聞いたとき、私がすぐに「間違っている」と判断できたのは、物事の本質から逸脱した考え方であることが即座にわかったからでした。原油価格の下落を前もって予測できたのも、哲学から学んだ多角的な視点で見ることによって、原油市場の全体構造を把握できていたからでした。

哲学的な思考力を身につけることによって、経済を予測する力は確実に高まっていくと思われます。世界経済や日本経済の全体構造を把握できるようになり、見落としがちな問題点をしっかりと拾うことができるようになるからです。その結果として、現実の経済を客観的に俯瞰しながら、自信を持って予測を立てられるようになるのです。

# 4 哲学的思考力を磨くには、脳の持久力を上げるのが近道だ

物事の本質を見極めるために必要なのは、偉大な哲学者たちの考え方を学びながら、物事の全体像を単純化するための思考方法や、自分が持っていない見方や視点を貪欲に吸収することです。そのためには、さまざまな物事に対して自らのあたまで考えるという機会を、とにかく増やさなければなりません。

ただし、たとえ考える機会を増やしたといっても、あまり難しくないことばかりを考えていては、いつまで経っても本質を見極める力は身につきません。あたまのなかで深く考えるという訓練ができないからです。

その反対に、極めて難しいことばかりを考えるようになれば、あたまのなかでは深く考えるという訓練を強いられるようになります。その結果、私たちが考える以上に思考能力

が鍛えられて、本質を見極める力も順調に育てることができるのです。

## あたまを鍛えるには「古典」を読むのがいい

それでは、深く考える機会を増やすためには、具体的にどういったことをすればいいのでしょうか。

私がお勧めする王道ともいえる方法は、**「古典」を読む**ことです。文字どおり「古典」とは、現代から見て古い時代に書かれた書物のことですが、私が念頭に置く「古典」とは、学問の分野において歴史的な価値を持っているのに加えて、後世の人々の教養に役立つと考えられている書物のことを指しています。

古典の優れている点は、歴史に名を残す偉大な天才から、その時代の英知の集積ともいうべき思考方法を学べるということです。だからこそ、いくら時代が移り変わろうとも、古典の内容は決して色あせることなく、時代を超えて読まれ続けているのでしょう。

次ページには私が推奨する古典リストを掲載していますので、どういった古典があるのか目を通してみてください。これらの古典を読む場合には、書かれている内容を覚えると

## 図表 26　私の薦める古典リスト

『自省録』（マルクス・アウレリウス著、岩波文庫・講談社学術文庫）
『形而上学』（アリストテレス著、岩波文庫）
『君主論』（マキャベリ著、岩波文庫・講談社学術文庫）
『学問の進歩』（フランシス・ベーコン著、岩波文庫）
『方法序説』（デカルト著、岩波文庫・ちくま学芸文庫）
『リヴァイアサン』（ホッブズ著、岩波文庫）
『統治二論』（ロック著、岩波文庫）
『実践理性批判』（カント著、岩波文庫・光文社古典新訳文庫）
『社会契約論』（ルソー著、岩波文庫・光文社古典新訳文庫）
『法の精神』（モンテスキュー著、岩波文庫）
『百科全書』（ディドロ著・ダランベール著、岩波文庫）
『国富論』（アダム・スミス著、岩波文庫・中公文庫）
『人口論』（マルサス著、光文社古典新訳文庫・中公文庫）
『資本論』（マルクス、エンゲルス著、岩波文庫・ちくま学芸文庫）
『道徳の系譜』（ニーチェ著、岩波文庫・光文社古典新訳文庫）
『種の起源』（ダーウィン著、岩波文庫・光文社古典新訳文庫）
『金枝篇』（フレイザー著、岩波文庫・ちくま学芸文庫）
『文明論之概略』（福澤諭吉著、岩波文庫・ちくま文庫）
『プロテスタンティズムの倫理と資本主義の精神』（マックス・ヴェーバー著、岩波文庫）
『雇用、利子および貨幣の一般理論』（ケインズ著、岩波文庫）
『精神分析入門』（フロイト著、新潮文庫）
『贈与論』（モース著、岩波文庫・ちくま学芸文庫）
『言語』（エドワード・サピア著、岩波文庫）
『知の考古学』（フーコー著、河出文庫）
『アンチ・オイディプス』（ドゥルーズ、ガタリ著、河出文庫）

いうよりも、書かれている考え方を学ぶほうが大事であるということを決して忘れないようにしましょう。

各々の古典では、その時代の社会、政治、経済、人間などに対する深い洞察がなされています。その洞察に基づく思考の枠組みを学ぶだけでも、巷《ちまた》にあふれているビジネス書を100冊読むよりも大きな収穫となりえるのです。

## 鍛えれば鍛えるほど脳の持久力は高まる

私が古典を読むのが大事だと思うのは、偉大な天才の著作を通して、その時代の最先端の考え方に直接的に触れられるからだけではありません。文章を読めば実感できるように、具体性に欠けていて抽象的でわかりにくいという古典の特徴が、あたまのなかをいっそう鍛えてくれるのです。

なぜそのような特徴があるのかというと、当時の天才である古典の著者は、読み手が自分たちと同じ理解力を備えているという前提で文章を書いているからです。そのため、現代の小説やビジネス書などのように、誰でも理解できる簡単な文章では書かれていないわけです。

難解な古典を読むのは、慣れない人にとっては大きな困難をともなう行為です。あたまのなかをフル回転させたままで読まなければ、書かれている内容をしっかりと理解することはできないからです。小説やビジネス書を読むのとは次元が異なり、脳の大部分がかなり疲弊させられます。

しかしながら、古典を読み続けることによって、脳の働きは徐々に高まるようになり、物事を持続的に深く考える耐久力が培われていきます。要するに、**難解なことを考え続けるために必要な「脳の持久力」が高まっていく**のです。

ジョギングを毎日続けていれば、足腰が鍛えられるだけでなく、長く走ることにも少しずつ慣れていきます。身体の持久力が高まっていくからです。それと同じように、脳も鍛えれば鍛えるほど持久力が高まり、すばらしい思考力を発揮するようになっていきます。

古典を読むことによる脳の持久力強化は、ジョギングによる身体の持久力強化と同じく、通常のときよりも酸素を必要とする点で共通しています。通常の生活を送っていても、脳の酸素消費量は身体の部位のなかでもっとも高く、全身の20～25%にも及ぶといわれています。古典でなくとも難しい本を読むとあたまが疲れるのは、脳を働かせすぎたことで大量の酸素を消費し、脳内の酸素が不足してしまうからです。

ところが、古典を繰り返し読むことが習慣化すると、あたまの疲れは少しずつ感じなくなっていきます。それは、難解な文章とあえて格闘することによって、脳の持久力が高まってきていると同時に、理解力や思考力が高まってきている証左でもあります。最初はまったく理解できなかった文章でも、粘り強く何回も読むと、著者の考え方が少しずつ理解できるようになっていくものなのです。

## 今まで見えなかった新しい世界が見えてくる

そして、こういった経験を積み重ねていけば、難しい文章の論理展開にも慣れてきて、読むペースと理解するペースの双方が速まっていきます。さらには、思考能力が高まっていくのはもとより、本質を見極める力も成長していきます。それらの進歩は、ひとときビジネス書で流行った「フレームワーク」といったテクニカルな思考方法では決して身につけることができないものです。

哲学的な思考力を意識しながら、数々の古典に慣れ親しんでいけば、物事の本質や全体構造を自然と認識できるようになるでしょう。そのうえで、このあと述べる歴史学や自然科学の思考法と融和させることができれば、今まで見えなかった新しい世界の地平線も見えてくるようになるでしょう。

経済とは一見関係なさそうな哲学の効用によって、みなさんの経済予測力が格段に上がるという結果が期待できるのです。

# 5 3つの視点②
# 歴史の教訓を生かすには

私のことをあまり知らない人は、経済アナリストという職業から判断して、私が大学では経済学や経営学を専攻していたのだろうと考えるのではないでしょうか。そのようなわけで、大学で歴史学を専攻していたというと、意外に思われることが少なくありません。

しかしながら、私が幸いにも経済アナリストや経営アドバイザーとして高く評価いただけているのは、歴史学の視点を考え方の中軸に据えたうえで、哲学や自然科学など、さまざまな学問も融合させながら、考えを導き出しているからだと思われます。**経済や経営は、異なる分野の学問から見たほうが、むしろ客観的に見られる**ものなのです。

## 本当の歴史学は暗記科目ではない

日本人の一般的な感覚では、「歴史」とは知識を詰め込む学問だと思われています。たしかに、現代の高校教育では、「世界史」や「日本史」といった歴史は、古代から現代までの政治、経済、社会、文化における史実を学び、過去の出来事や人物名を年号とともに暗記する受験科目であると考えられています。

それにとどまらず、大学で教える「歴史学」までもが、知識を詰め込む学問であると誤解されています。高校で教える「歴史」が、過去から現在までの出来事の記録であるのに対して、大学で教える「歴史学」は、歴史そのものを研究の対象とする学問のことをいいます。歴史と歴史学では、学ぼうとする態度が大きく異なるのです。

ところが、日本人のほとんどが歴史と歴史学の違いを認識できずにいます。そして、歴史学は経済学、経営学、法学、数学、化学、物理学などとは違い、現実の社会やビジネスでは役に立たない学問であると思われています。

しかし私の考えでは、歴史学とは本来そういう学問ではありません。歴史学とは、**過去**

**の出来事を冷静に分析し、そこから導き出された教訓を現代や未来に役立てる**ための学問なのです。なおかつ、歴史学の効用として、過去の出来事を分析する過程において、多面的な視点から分析する力を磨くことが期待できます。

## 人間は同じ過ちを繰り返している

私が歴史学から学んだもっとも重要な教えは、**「人間は同じような過ちを昔から繰り返してきた」**ということです。人間の歴史とは、繁栄と衰退、拡大と縮小、膨張と収縮のまさに繰り返しでした。突き詰めていえば、成功と失敗の繰り返しであったといえるのではないでしょうか。

世界を席巻したローマ帝国、イスラム帝国、モンゴル帝国、大英帝国にかぎらず、これまでに世界で多くの国々や王朝が繁栄を謳歌し、やがては衰退するという歴史を繰り返してきました。これらの国々が他の国々や地域を征服し、領土を拡大しようとする原動力となったのは、人間の尽きることのない欲望であったことは間違いないでしょう。

歴史を振り返ってみると、人間の欲望を接ぎ木として、軍事と経済は密接に関係していたことが認識できます。戦争により征服した国々の民衆を奴隷として扱うことができるかぎり、自国の繁栄を謳歌したいという欲望は満たされていたのです。言い換えれば、国力を膨張させようという野心は、経済的な搾取を行いたいという動機と深く結びついていたわけです。

しかし、他の国々との領土争いに明け暮れる消耗戦は、やがて国力を疲弊させることにつながります。いかに強大な国々や王朝であっても、最後には衰退の道をたどるようになるのです。過去の歴史をひとつひとつ検証していくと、人間は同じような過ちを連綿と繰り返してきたことがわかります。

## 不透明な世の中で求められる重要なこと

歴史とは、古代から現代までの失敗の繰り返しを綴った教科書であり、歴史学はその教科書に書かれている内容を分析する手段です。だからこそ、非常に多くの教訓を学ぶことができるわけです。誰しも自らの主観から完全に逃れることはできないものの、過去の歴史の失敗例から教訓を学ぶことによって、俯瞰的な視点を養っていくとともに、本質は何かを考える力も身についていくはずです。

歴史学の存在価値とは、今まさに起こっている、あるいは、これから起ころうとしている問題を、過去の酷似した事例と照らし合わせ分析することによって、同じような過ちを回避することが可能になるところです。そのためには、過去の出来事が起こった理由や背景、当時の人々の価値観、その出来事が与えた影響などを多面的に分析することが必要不可欠になります。

そういった意味では、歴史学がいかに貴重な教訓を与えてくれたとしても、人間が愚かにもその教訓から学ばずに軌道修正ができなければ、歴史学の存在価値は低減してしまうのではないかという意見が出てくるかもしれません。しかしそれでも、現代の不透明な世の中では、同じ過ちを回避できるのかを予測することは求められるべきものであり、重要な行動だといえるでしょう。

# 6 歴史学的な思考力は、広い視野をもたらしてくれる

私が考える歴史学の存在意義は、知識として丸暗記することではなく、その知識をもとにさまざまな視点から分析し、しっかりとした思考方法を身につけることです。ただし、誤解しないでもらいたいのは、歴史に関する知識をある程度持っていなければ、広い視野で物事を見られないということです。

これは、一見すると矛盾しているようですが、そんなことはありません。物事を分析したり予測したりするには、**一定水準の基礎知識や基礎学力が必要不可欠**だからです。実際のところ、歴史に関する知識量が多ければ多いほど、歴史学的な教訓を生かせる可能性が高まっていくものです。

だから私は、今の日本で否定されている「詰め込み教育」を否定することができません。

たとえ詰め込み教育といわれようが、自分のあたまのなかに一定量の知識を蓄えることは不可欠です。知識の絶対量が足りなければ、まともな分析ができないばかりか、間違った結論を導きかねないからです。

## 1997年と2014年の消費増税は同じではない

そのような間違った結論を述べている典型例としては、1997年と2014年の消費増税を同一視している事例がわかりやすいでしょう。

2014年の消費税引き上げの際に、経済の専門家の多くが主張していたのは、「1997年に消費税を引き上げた結果、その後に日本の長い景気後退が始まった。この教訓を生かすならば、今回は消費税を引き上げてはならない」といった内容でした。そのような主張を聞いて当時の私が思ったのは、経済の専門家には歴史の基本的な比較ができない人がなんと多いのかということです。

1997年と2014年の消費増税を同じ土俵で考えている専門家が今なお多いのですが、そのような見方は物事を誤ってとらえています。なぜなら、歴史そのものを知識不足の状態で見ているだけでなく、歴史の時系列をありのままに眺めていないため、そのとらえ方は決定的に間違っているからです。

1997年4月に消費税が3％から5％に引き上げられた結果が本当はどうだったのかというと、1997年の実質賃金は前年比で0・0％でしたし、個人消費も前年比で0・9％プラスになっていたのです。消費増税により物価が上がった分は実質賃金がマイナスになるわけですが、それでも実質賃金や個人消費がマイナスにならないということは、消費増税によって当時の景気は悪化などしていなかったことがわかります。

日本が1998年から景気後退に陥った本当の原因は、1997年11月に北海道拓殖銀行や山一証券が相次いで破綻し、日本で金融システム危機が起こったからです。当時の景気指標を時系列で見ても、景気後退の原因を消費税の引き上げに求めるのは、非常に不自然な見解にしか思えません。

その証拠として、1997年の家計消費は4～6月期に駆け込み需要の反動で減少しましたが、7～9月期には回復傾向が見られていました。鉱工業生産指数やその他の主な経済指標も堅調に推移していたのです。主要な経済指標が悪化したのは1997年末から1998年春にかけてのことで、それは金融システム危機をきっかけに銀行が貸し渋りの姿勢に転じた時期と見事に重なっているのです。

ただでさえ2013年以降の円安による輸入インフレ下で、実質賃金が下落基調を強めていた時期に、2014年4月の消費増税は実質賃金の下落を加速させる要因となりました。その結果、2014年の実質賃金は2・8％下落し、個人消費は0・9％減少（年度では2・9％減少）することとなりました。1997年の増税時と比較して家計の状況が著しく悪化していたわけですから、2度の消費増税を単純比較していること自体が間違いなのです。

## 豊富な知識量と歴史学の正しい思考方法が武器になる

このような間違った分析が蔓延すれば、将来の政策判断の誤りにもつながってしまうでしょう。それは、非常に由々しき問題です。経済の専門家が歴史学的な視点から正しい比較をしたいのであれば、歴史の知識量を補うばかりでなく、歴史学の基本姿勢を謙虚に学ばなければならないのです。

経済の専門家の予測が当たらない主な原因は、歴史を狭い範囲で見ることによって知識の絶対量が不十分になり、歴史の比較をしっかりとできていないからです。それに加えて、歴史学の基本姿勢を学んでいないため、過去の歴史の背景・条件・状況をつかみ、現在のそれと比較分析することができていないのです。だからこそ、表面的に似かよった事例を持ち出しては、稚拙な結論を導き出しているわけです。

バーナンキが恐慌論の研究において「デフレ=不況」と結論付けたこと、クルーグマンが日本に対してインフレターゲット政策を提案したこと、リフレ派の経済学者が物価さえ上がれば日本の景気は回復すると主張したこと、これらすべての稚拙な結論や主張は、歴史学的な思考力が欠如しているために起こった産物であるといえます。

これらの悪しき事例は、反面教師にしなければなりません。**歴史についての豊富な知識量と歴史学の正しい思考方法**——その両方の武器を組み合わせることができれば、過去の出来事から現在や未来の問題を考えるうえで十分に通用する分析や予測を導き出すことができるでしょう。

# 7 3つの視点③ 自然科学の発想を生かすには

経営アドバイザーや経済アナリストという仕事は、学問のジャンルでいえば社会科学系の仕事に当てはまると、世間ではとらえられています。それゆえに、社会科学系の学問である経営学や経済学の知識があれば、満足いく仕事ができるだろうと考えられているようです。

ところが、私が仕事をする場合には、社会科学系の学問の発想に頼るよりも、人文科学系や自然科学系の学問の発想に頼ることのほうが圧倒的に多いのです。自然科学で知られている数々の理論は、経済学の名ばかりの理論とは異なり、以前の自分ではとても導き出せなかったような発想やアイデアをあたまのなかに描いてくれるのです。

## 経済予測にプレートテクトニクス理論を使う

それでは、自然科学的な発想とは、具体的にはどういったものでしょうか。

私は経済の分析をするときに、地質学の**プレートテクトニクス理論**を応用しています。プレートテクトニクス理論とは、地球の表面がいくつもの大陸プレートや海洋プレートによって構成されていて、それらのプレートが地球深部にあるマントル層の対流に乗って相互に動いているという考え方です。今では世界各地で大地震が起こるたびに、地震のメカニズムを説明するのによく用いられています。

たとえば、大陸プレートと海洋プレートが衝突する場所では、海洋プレートが大陸プレートの下に潜り込もうとする動きを続けています。大陸プレートは海洋プレートと一緒に引きずり込まれまいと抵抗し続けていますが、その境界部では歪みが発生せざるをえず、時間とともにその歪みは蓄積されていきます。

やがて、その歪みに耐え切れなくなったとき、大陸プレートは歪みが発生する前の状態に戻ろうとして、海洋プレートの上に跳ね上がります。この一連の動きが、地震が起こる

**図表 27 プレートテクトニクス理論による地震のメカニズム**

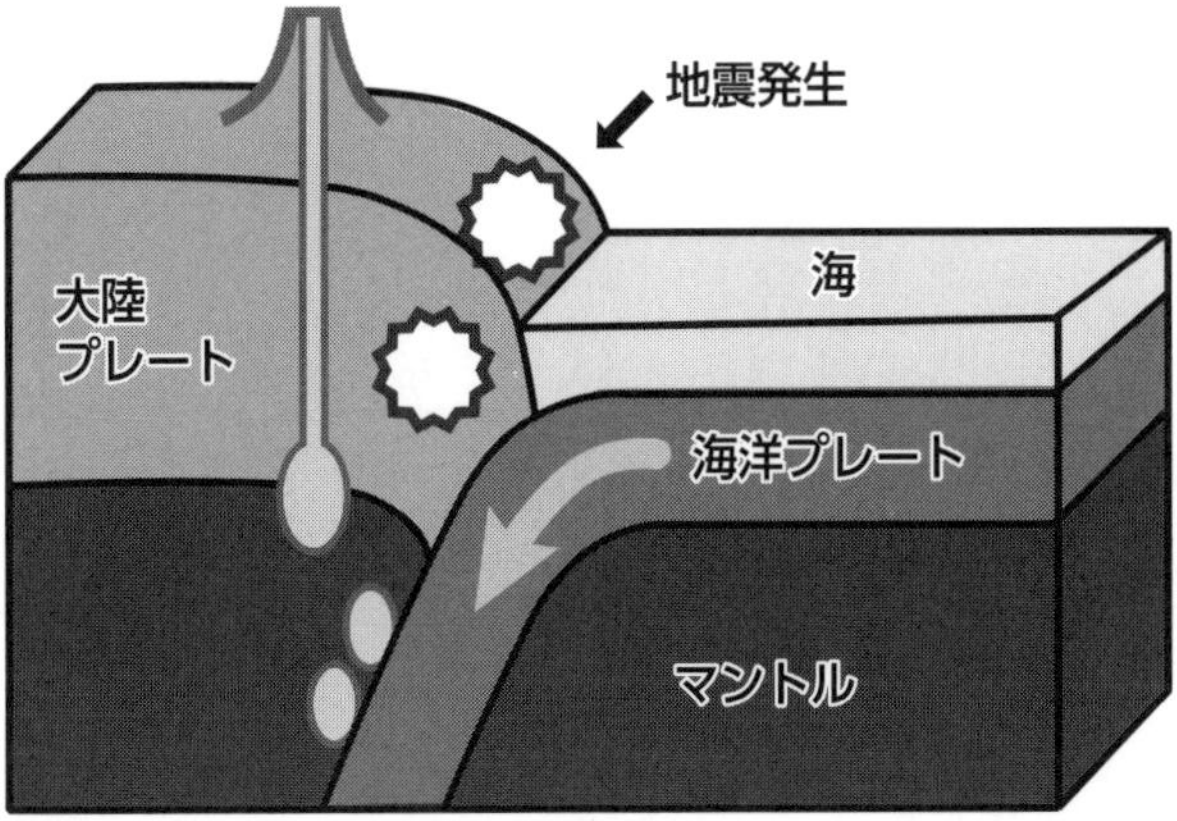


**「大陸プレートと海洋プレートの間の不均衡、
あるいは
大陸プレートと大陸プレートの間の
不均衡が積み重なり、
ついに耐え切れなくなったとき、
地震が起こる」**

メカニズムです。地震は、大陸と海洋の双方のプレート間で生じ続けている小さな不均衡が累積していき、大きな不均衡となって耐え切れなくなったときに起きているというわけです。

「累積した不均衡は、いずれ解消に向かう」というのは、地震や噴火などの自然現象にかぎらず、あらゆる現象に当てはまる自然の摂理ではないでしょうか。当然のことながら、このような自然の摂理は、経済という畑違いの分野においても当てはまると考えています。

## これからの危機では不均衡をすべて解消できない

不均衡とは、物事がバランスを欠いた状態にあることです。そこには、必ずといっていいほど歪みが生じます。歪みが積み重なっていけば、遅かれ早かれ、その不均衡な状態を保てなくなるときがやってくるのです。そして、突如として不均衡を解消しようとする急激な動きが起こり、大きな混乱が発生するわけです。

経済のシステムにおいても、多岐にわたる歪みが永遠に拡大し続けることはありえません。いずれにしても、多重な歪みの累積にシステムが耐えられなくなったとき、それらの不均衡を解消しようと、大きな力が働くようになるものです。リーマン・ショックに代表される世界金融危機などは、実体経済とマネー経済の不均衡を解消しようとして起こった激震のひとつといえるでしょう。

ただし私は、昨今の金融と深く結びついたグローバル経済のもとでは、不均衡をすべて解消するような超激震は起こらないと考えています。リーマン・ショックをともなった世界金融危機ですら、実体経済とマネー経済の不均衡を大幅に解消するには不十分だったからです。世界各国の中央銀行が過度な金融緩和に依存するあまり、両者の経済の不均衡は十分に解消されないまま、すでにリーマン・ショック以前の状態に戻ってしまいました。

１９２９年に始まった世界大恐慌は、当時の実体経済とマネー経済の不均衡をすべて解消できたのかもしれません。その後、第２次世界大戦という戦禍の時期を除いて、メキシコ通貨危機やアジア通貨危機、共産主義経済圏の崩壊、ブラックマンデーなど、世界はある程度の局所的な危機を経験したものの、２０００年代に入るまではリーマン・ショック級の巨大な危機は発生しませんでした。

しかし、ヒト、モノ、カネが短い時間で自由に行き来できるグローバル経済では、リーマン・ショック級の危機が起こったとしても、次の激震が起こるまでの猶予期間は、ひょっとしたら10～15年くらいしかないかもしれません。さまざまな不均衡が累積拡大することによって、人類はマネー経済だけでなく、実体経済をもコントロールできなくなっている可能性が高いのです。

そういったことを踏まえて次の項目では、プレートテクトニクス理論を経済の分析にさらに生かす視点を取り上げながら、気象学のバタフライ効果や物理学・数学のカオス理論との関連性についても紹介したいと思います。

# 8　自然科学的な思考で、経済の予測は成功する

世界経済をひとつの枠組みだけでとらえようとすると、いくつもの不均衡を見落としてしまいます。現状を正しく認識するためには、世界全体をいくつもの枠組みから複眼的にとらえなければならないのです。

そのような視点から世界経済を見渡してみると、実体経済とマネー経済の不均衡のほかに、債務と貯蓄の不均衡、需要と供給の不均衡、経常黒字国と経常赤字国の不均衡、経済格差による不均衡など、次元の異なる不均衡が重層的に拡大しているのがわかります。それらが、今後の世界経済の大きな足かせになるのは避けられないでしょう。

前の項目で、実体経済とマネー経済の不均衡を解消する過程で世界金融危機が起こったと述べましたが、世界金融危機が起こったからこそ、さまざまな不均衡が累積しているに

もかかわらず、世界経済はなんとか２０１６年まで重篤な危機を迎えずにやり過ごすことができたのです。

## 不均衡解消の度合いで次の危機を予測できる

地質学的な考え方では、ひとたび東日本大震災クラスの地震、すなわち震度７クラスの地震が起これば、同じ地域に同じクラスの地震が再び起こるまでには、相応の時間を要するだろうといわれています。

たとえば、震度５クラスの地震であれば、震度７クラスの地震よりも短い周期で起こること、震度３クラスの地震であれば、震度５クラスの地震よりも短い周期で頻繁に起こることがわかっています。

私はこれと同じようなことが、経済の分析にも応用できると考えています。すなわち、**不均衡を解消しようとする経済危機の大きさによって、その解消の度合いには大きな差が生じる**と見るわけです。深刻な危機によっていくつもの不均衡の解消が進む結果となれば、次に起こる深刻な危機までは十分な時間的な余裕ができるでしょうし、軽微な危機によって不均衡の解消が思うように進まなければ、次の軽微な危機はすぐに起きてしまうでしょう。

多岐にわたる不均衡が次第に累積し、歪みに耐え切れなくなったとき、世界の経済にも各国の経済にも危機が起こることになります。その危機の震度が3なのか、5なのか、7なのかによって、次に訪れる危機が深刻なものなのか、軽微なものなのか、早い時期に来るのか、遅い時期に来るのか、震度と時期の組み合わせのパターンを分析しながら、おおよその予測の方向性が見えてくるのです。

その証左として、ギリシャ危機のような小規模な危機では、ユーロ圏で累積した歪みはほとんど解消されなかったですし、欧州債務危機のような中規模な危機でも、財政上の不均衡は思うように解消されませんでした。その副作用として、EUやユーロ圏では毎年のように何らかの危機が起こっています。

そして、そういった事態になるであろうことは、大まかには予測できたのです。

## 小さな変化が連鎖して大変化が起こる

私はグローバル経済の本質を表すキーワードとして、**「不均衡」**と**「連鎖」**の2つの言葉を日頃から使っています。グローバル経済が始まる以前の1990年代までは、世界の経済を動かしていたのはマネー経済ではなく、あくまでも実体経済でした。ところが昨今では、連鎖性が強い経済の誕生により、膨張したマネー経済の動きが世界の実体経済をも大きく動かしてしまう状況となってしまいました。

連鎖性の強い経済について説明するとき、私はよく気象学の**「バタフライ効果」**を引き合いに出します。

バタフライ効果とは、「アマゾンでのたった1匹の蝶の羽ばたきが、カリフォルニアで竜巻を引き起こす原因となりうる」といった理論です。これは、荒唐無稽に聞こえますが、決してそうではありません。「ごくわずかな変化でも、それが連鎖して広がっていけば、想像できないような大きな変化になりうる」という物理学や数学のカオス理論を寓話的に説明したものなのです。

この理論に基づいて考えれば、「1人の青年がロンドンで少額の株式を売ったことが、米国市場で株価が暴落する要因になる」こともあるし、「日本で一零細企業が破綻したことが、日本経済を不況に追いやる原因になる」こともあります。

バタフライ効果は不安定なシステムのなかで非線形モデルとして現れる傾向があるのですが、マネー経済が肥大化した不安定な経済システムでは、時折起こってもおかしくない現象なのです。

連鎖性が高まっている昨今のグローバル経済では、**ほんの小さなほころびが大きな危機へと拡大していきます**。しかもそのスピードは非常に速く、ごく短期間で世界中へと拡散する性質を持っています。世界金融危機を歴史の教訓として生かすため、世界各国は大手金融機関に対する規制をつくりあげましたが、本当のところ、連鎖性の強い経済が悪循環に陥ったとき、金融機関への規制だけで防ぐことができるのか、私は非常に疑問に思っています。

## 複雑な非線形のカオス現象でも予測はできる

実体経済とマネー経済の不均衡によって経済システムが不安定になっているなかで、経済システムそのものがバタフライ効果などのカオス現象に支配されているというのは、私は直感的に正しい認識であると思っています。

しかしそれは、多くの物理学者や数学者が主張しているように、「経済の予測は完全に不可能である」ということを意味するものではありません。私の経験論的な考えでは、他の自然科学系の学問の知識と融合することで、経済トレンドの予測はかなり高い確率で成功できるはずなのです。そのため、経済の先行きを見極めるには、科学的な思考方法が欠かせないわけなのです。

# 9 経済予測力を高めるには、学問の融合が欠かせない

これまで本書で説明してきたとおり、私が実践する経済予測の方法は、歴史学や哲学の思考力を鍛えることから始まり、自然科学やその他の学問のアイデアを取り入れながら、少しずつ進化してきたものです。

そもそも私が専門の歴史学から哲学に興味を持ったのは、「世界史の教科書に載るほどの哲学者は、どのような考えを持っていたのか」という素朴な疑問からでした。そこから、過去の偉大な哲学者の考え方に接するようになり、歴史学から哲学を見ると同時に、哲学から歴史学を見る目を徐々に養っていったのです。そのような鍛錬で築かれた思考力が、経済の分析や予測をする際の大きな土台となっているわけです。

## 哲学的な考え方を身につければ何でも吸収できる

その後、私が自然科学の知識を経済の分析に応用するようになったのは、物事の本質は何かを考える習慣が身についた時点で、自然な成り行きであったといえるでしょう。なぜなら、近世の西洋哲学は、近代や現代に成立する自然科学や社会科学の多くの学問分野をカバーし、神学や医学を除いた、すべての学問の源流としての地位を確立していたからです。

近世の西洋の哲学者は、哲学の分野だけでなく、歴史学、倫理学、政治学、経済学、数学、物理学、天文学など、多岐にわたる分野で活動していました。当時の学問の括りでは、ニュートンやガリレオも生粋の哲学者でした。彼らが科学者として認知されるのは、近代以降に哲学から枝分かれした学問の細分化が進んでからのことだったのです。

そういった意味では、ほぼすべての学問は哲学のＤＮＡを持っているといえます。ですから、哲学的な考え方に慣れてしまえば、他の学問の知識や理論を吸収するのは苦になりませんし、いろいろな学問の考え方を自然と融合できるようになるのではないでしょうか。

そして、その大いなる効果として、ある日突然、自らの視野が広がっていることが実感できるでしょう。

## 2つの鍛錬で、さまざまな事象がおもしろいように結びついていく

いろいろな学問を学ぶときには、その知識を覚えるのはもちろん、**「なぜそうなるのか」を自分のあたまで考えて、理解するように努めなければなりません。**そうすることで、知識力だけではなく思考力も鍛えられるのです。さらに、物事の本質を見極めるための思考力を鍛えるには、脳が疲労感でいっぱいになるくらいに難解な事柄を考える癖をつけるのが、いちばんの近道なのです。

また、学問を横断的に学ぶときにもうひとつ心がけたいことがあります。それは、**ある学問の知識が他の学問の知識と何らかの関係性があるのではないかと意識しながら知識の修得に努める**ことです。

たとえば、今学んでいる「哲学の考え方」は、過去に学んだ「生物学の現象」や「物理学の法則」と因果関係があるのかといったふうに、学問のジャンルを超えて知識を融合す

るトレーニングを続けてみるのです。

そういった努力を日々重ねていけば、脳が大した疲労を感じることなしに、物事の本質を見極められるようになるでしょうし、学問の間の因果関係を意識することなしに、知識の融合ができるようになるでしょう。十分な思考力が身についたうえで、知識の融合まで可能になれば、それまでバラバラに認識していた物事がおもしろいように結びつくようになるでしょう。それが、本質を見極めるということに直結するのです。

## 学問の知識を融合させて経済を予測する

経済というひとつの分野に、いろいろな学問の知識を惜しみなく取り入れることで、はじめて精度の高い経済予測を導き出すことが可能になります。経済学の知識だけでは分析の視野が狭くなりますし、何よりも、現実の経済には経済学の見方だけでは通用しないことがあまりにも多すぎるからです。現実の経済を正確に予測しようとするなら、経済の専門家には広く学問を身につけることが求められているのです。

私はいろいろな学問の知識を融合させながら、経済を分析・予測する思考の枠組みを構築してきました。みなさんも本書に書かれている内容を実践することによって、経済を見るための思考の枠組みを育んでいくことができるでしょう。その結果として、経済の予測はもちろんのこと、私たちを取り巻くあらゆる事象・現象を精緻に分析・予測できるようになるのではないでしょうか。

［著者］
**中原圭介**（なかはら・けいすけ）
経営・金融のコンサルティング会社「アセットベストパートナーズ」の経営アドバイザー・経済アナリストとして活動。「総合科学研究機構」の特任研究員も兼ねる。企業や金融機関への助言・提案を行う傍ら、執筆・セミナーなどで経営教育・経済教育の普及に努めている。経済や経営だけでなく、歴史、哲学、自然科学など幅広い視点で経済動向を分析しており、予測の正確さには定評がある。著書に『2025年の世界予測』『シェール革命後の世界勢力図』『石油とマネーの新・世界覇権図』『経済予測脳で人生が変わる！』（ダイヤモンド社）、『中原圭介の経済はこう動く〔2016年版〕』『これから日本で起こること』『これから世界で起こること』（東洋経済新報社）、『未来予測の超プロが教える 本質を見極める勉強法』（サンマーク出版）などがある。

ビジネスで使える
**経済予測入門**
――小さな変化で大きな流れを見極める

---

2016年9月15日　第1刷発行

著　者――中原圭介
発行所――ダイヤモンド社
〒150-8409　東京都渋谷区神宮前6-12-17
http://www.diamond.co.jp/
電話／03･5778･7234（編集）　03･5778･7240（販売）
装丁――――重原隆
ＤＴＰ―――荒川典久
製作進行――ダイヤモンド・グラフィック社
印刷――――信毎書籍印刷(本文)・共栄メディア(カバー)
製本――――宮本製本所
編集担当――田口昌輝

---



ISBN 978-4-478-10089-9